好父母
修炼手册

齐军 —— 著

天津出版传媒集团
天津科学技术出版社

图书在版编目（CIP）数据

好父母修炼手册 / 齐军著. -- 天津 ：天津科学技术出版社，2022.11

ISBN 978-7-5742-0525-3

Ⅰ．①好… Ⅱ．①齐… Ⅲ．①家庭教育 Ⅳ．①G78

中国版本图书馆CIP数据核字(2022)第171883号

好父母修炼手册
HAO FUMU XIULIAN SHOUCE

责任编辑：杜宇琪

出　　版：	天津出版传媒集团
	天津科学技术出版社
地　　址：	天津市西康路35号
邮　　编：	300051
电　　话：	(022)23332695
发　　行：	新华书店经销
印　　刷：	北京兴湘印务有限公司

开本 880×1230　1/32　印张 5　字数 80 000
2022年11月第1版第1次印刷
定价：36.00元

将真诚的心和全部的爱，
凝结于此书献给你，
请听我说

亲爱的家长朋友们：

首先，感谢你们能挤出时间来读我的这本小书。

我是一名在教育战线工作了 40 多年的退休教师。本书写的是我多年工作的做法和感想，主要包括两部分内容：一部分是我在做班主任时候的事情，另一部分是我这大半生陪伴和参与我家两代孩子成长的做法和体会。

做了一辈子教师，我遇到了很多孩子，但每个孩子都不一样，他们都有自己的特点和个性。其实，每个人来到这个世界上时，都自带专属特质，所以有的孩子从小就很让人省心，而有的孩子则比较让人费心。因此，我们不能用一种教育方法对他们进行教育，而要像人们常说的那样："要一把钥匙开一把锁。"世上现在也没有一个通用的方子来教我们如何培养、教育孩子，所以我们不能强制、驯化自己的孩子成为别人家的孩子。教育不是将丰富的美丽剪成单一的模样，而是让种子蕴涵的天然芳华尽情绽放。

教育孩子如同种下一颗种子，不同的种子有不同的灌溉方法，要想让它长得好，能结出丰硕的果实，你就得遵循它的生长规律。比如，有的人说，孩子的心是块儿奇怪的土地，播下思想的种子，就会获得行为的收获；播下行为的种子，就会获得习惯的收获；播下品德的种子，就会获得命运的收获。家庭教育，就是对"根"的教育，对"心灵"的教育，只有"根壮""心灵好"，才能枝繁叶茂。所以，我们做父母的一定要真正认识到：教育好自己的孩子，是我们这辈子最重要的事情，是我们的终身责任呀！

每一位父母对孩子的影响，给予孩子的教育是任何人都比不过的，父母是孩子的第一任老师。我们不要羡慕别人家的孩子，其实你可能也是别人羡慕的对象。

有一个问题是：陪伴孩子需要我们的时间和耐心，我们应该怎样处理呢？我想，只要你心里装着孩子，想着孩子，你一定会挤出时间陪伴孩子。你要知道：孩子的成长只有一次，错过了就无法挽回。事情做错了可以重来，但对孩子的教育却不能重来。教育孩子不能撒手不管，更不能处处控制，而是要在管和控制之间保持好平衡，让我们的孩子在爱的教育中走向自己的人生。你一定要认识到陪伴的本质就是一种教育。

在教育孩子的这条道路上，千万不要抱有侥幸心理。你不要指望孩子会自觉，那些自觉的孩子其实是父母严格教育的结果。那些好孩子，后面一定有父母在奋力托举。

陪伴孩子的这条路很漫长，也很艰苦，但是我们不要怕麻烦，也不要叫苦，其实难的也就是几年的时间甚至更短，这是一段多么难得的幸福时光！所以我们要好好地爱孩子，要倍加珍惜这段时间。面对孩子，时间和耐心永远都是最好的老师。

在一篇《教育改革要从家庭教育开始》的文章中提出家长有五个层次。

第一个层次：舍得给孩子花钱。

第二个层次：舍得得为孩子花时间。

第三个层次：开始思考教育的目标和问题。

第四个层次：为教育孩子而提升和完善自己。

第五个层次：尽己所能，支持孩子成为最好的自己，也以身作则，鼓励孩子成为真正的自己。

亲爱的家长朋友们，看看你们属于哪个层次呢？做父母不容易，做一个好父母就更不容易了。

还要再说一点，仅仅陪伴是不够的。随着孩子慢慢长大，学的知识越来越多，我们是不是也要跟上孩子的脚步呢？常听有的家长说，孩子的学习辅导不了了，孩子学的知识自己不会了……对此，我想说的是，我们要努力做一个学习型家长，教育是一场漫长的修行，不仅孩子要好好学习，我们做家长的也要不断学习，这样才能与孩子共同进步，共同成长。

亲爱的家长朋友们，让我们都努力争取做称职的父母吧！父母的爱，这字眼是多么平凡，但平凡中却孕育着伟大，那么这种爱又是多么的不平凡和伟大呀！

最后，我要特别感谢支持和帮助我写出这本书的各位编辑朋友，是他们真诚的邀请才使我下定决心，敢于在 70 岁的时候再一次挑战自己，把自己大半生的教育工作的体会和做法无私地奉献给社会。

感谢我的同事和朋友对我的支持和鼓励。

感谢我的兄弟姐妹和我的儿女对我的支持,文章的序是我的儿媳妇写的,文章的后记是我的儿子写的。

再一次感谢所有帮助我的朋友和同事!

我还要特别感谢各位读者朋友,希望你们读完这本书后,提出宝贵的建议和意见。

序

我的婆婆终于出书了!

她以40多年的教育教学实践经验、15年来手把手养育我女儿妞妞的亲身经历,以及与北京名校名师探讨育儿经验的独特体悟,完成了这本《好父母修炼手册》。

从这本书中,我们读到了为人父母的天义,也深刻体会到:为人父母,是一辈子的修行。这本书也是婆婆作为一名优秀的教师、一个平凡而伟大的母亲和一位慈爱的奶奶的心路历程。

这本书感动我的,也让我心存感恩和崇高敬意的,是婆婆的真实以及她自身就具有的、满溢的巨大的爱。这种真实与仁爱之心,从文字流淌出来!

我的婆婆名叫齐军,中共党员,1952年5月生,曾任实验小学教师、教务处主任,教育中心幼儿园党支部书记、园长。作为时代的"燃灯者"，婆婆始终怀着仁爱之情，执教40多年一直以教学严谨而著称，对工作兢兢业业、任劳任怨，不管酷暑严寒、刮风下雨，一年四季，她从来没有因为个人原因影响工作，几乎每天都是第一个来到学校，最后一个离开。这个习惯，婆婆坚持了数十年，这一定源于她对三尺讲台和学生们的深爱。

一位真诚的教育者，必定是一位正念满满的人。婆婆希望教出的学生为学刻苦严谨，为人正正当当，做事踏踏实实，她坚持把这种治学、为人的风气一代代传承下去。

这些年，每当得知学生们在工作中取得进步，婆婆就会精神倍增，满脸充溢着幸福与欢乐，看起来一下子年轻了很多。学生们的成就，就是对婆婆教育工作最好的馈赠。

我的婆婆不仅是一名优秀的教师，更是一位伟大的母亲。无论我们遇到多大的困难，她总能在精神上让我们得到依靠，在四季的轮回中坚守着我们这个家，用每一个行动来诠译母爱的伟大，她的每一个动作中都饱含着深深的爱。

2000年4月，我先生在清华大学攻读博士学位时，我公公不幸突发脑溢血，在医院抢救并治疗50多天后才出院，从此他生活不能自理，需要亲人悉心照料和陪伴。我先生非常孝顺，面对这种情况，他打算放弃学业，立即参加工作，以便照顾父亲。坚强的婆婆语重心长地对我先生说："你不仅是爸爸和妈妈的孩子，你还属于清华大学，属于中国。你必须坚持读完博士，将来为祖国做更大的贡献！"

2005年，我先生博士毕业之后，毅然决然地投身于祖国的航天事业。在工作中，他保持着一股积极向上的力量，拥有强烈的使命感和责任感，这也是源于婆婆给了他足够温暖、厚实的人生底色，才让他得以成为今天的自己。

我女儿妞妞也和我婆婆的感情最深厚，常常和奶奶撒娇，非常黏奶奶。自从妞妞出生3天从医院回到家中后，我婆婆就一直悉心照顾她。在教养妞妞的过程中，婆婆始终保持着一颗求知心。她翻阅大量书籍、文献，学习育儿知识，虚心向身边的每一位老师请教经验。

从 2007 年至今，从幼儿园、小学到考入北京十一学校，妞妞的每一点成长和进步，婆婆都仔仔细细地用文字记录下来，语言时而幽默诙谐、时而抒情感慨，少则几句话、多则几千字……这些成长日记多达 600 多篇，共计 30 多万字，字里行间流露出奶奶对妞妞浓浓的爱，这也是最温情的陪伴。这些文字在我和我先生教育妞妞方面，也给予了无数的启发与巨大帮助。

这本《好父母修炼手册》也起源于这些成长日记，总共包含 7 个章节，从家风、礼仪、乐观豁达的心态、资优教育法、父母的正能量、追求知识和进步到热爱生活，我的婆婆终于把自己这些年来鲜活热诚的生命感悟，以及最精要、最有效的优秀父母修炼的实用方法总结出来，分享给更多为人父母的人，分享给困在亲子关系中感到有些无力的年轻父母，分享给终将建起一个明亮而美好的家的人。拿起这本书，它会给你启发和力量！

"推动摇篮的手也是推动世界的手"，父母的素质决定着孩子的成长，也决定着民族的未来。强盛繁荣的中国后面，一定站立着无数平凡而伟大的母亲和父亲。

致敬我的婆婆，致敬天下杰出的父母亲！

李 莉

资深质量管理咨询顾问。17岁考入北京工商大学商学院，21岁毕业进入全球知名的跨国公司，2014年创业，是"QualityIn质量学院"的联合创始人。

第一章 家风决定了孩子未来的幸福

好家规好教养，孩子才有好未来 /002

家风好，孩子的幸福感更强 /006

父母有成就，孩子更自豪 /011

家庭和睦，孩子安全感十足 /015

亲子平等，孩子才有独立的人格 /018

隔代帮忙，共筑幸福大家庭 /022

第二章 你谦和有礼，孩子社会化的"第一步"就会顺畅且快乐

你礼仪周到，孩子才懂礼貌 /028

你良言暖语，孩子才口齿噙香 /032

教孩子把"社交事故"变成交友故事 /036

告诉孩子接受不完美的朋友 /040

你有好情绪，孩子才有好脾气 /045

第三章　你乐观豁达，孩子才能远离"成长的烦恼"

你做人豁达，孩子才会拿得起放得下 /050

你有大格局，孩子的未来才会更精彩 /055

赋予孩子被讨厌的勇气 /059

学会放手，让孩子在跌倒中成长 /063

第四章　用资优教养法提升孩子的人生"幸福指数"

孩子的天赋要尽早发掘 /068

你多关注优点，孩子才会自信满满 /071

让兴趣成为孩子成长的臂助 /075

后天培养远比先天优势更重要 /079

家庭教育中，"扬长"要优先于"补短" /083

趁早和孩子谈谈钱 /087

第五章 你的正能量是给孩子最好的幸福人生的礼物

告诉孩子,"我"真的很重要 /092

看过了世界,孩子才会有"世界观"/097

小善也是善,小恶也是恶 /101

鼓励孩子做一个勇敢、执着的"追梦人"/105

第六章 你精进不已,孩子更愿追求知识带来的美好和愉悦

你乐享学习,孩子就会对知识感兴趣 /110

别干预,孩子想学什么都可以 /113

亲子终身学习,共同遇见更好的自己 /117

不以分数论成败,孩子学习和求知时才会纯粹而快乐 /121

第七章　你若热爱生活，孩子就会成为幸福的"生活艺术家"

和孩子一起成为生活美学家 /126

你的仪式感影响孩子的幸福感知力 /131

体验"交换人生"，让孩子知足常乐 /136

第一章

家风决定了
孩子未来的幸福

好家规好教养,孩子才有好未来

我们常听也常说"不以规矩,不能成方圆。"规矩在任何时代、任何场合都非常重要。我们的社会由人集合而成,而每个人的人生追求、行为方式、思想观念等都有所不同,如果没有规矩的约束,社会就容易陷入无秩序的混乱之中。家庭也是如此,如果缺乏规矩的限制,成年人会不知自律、碌碌无为,孩子则会缺乏教养、受人白眼。

当前,大众中流行"女孩要富养,男孩要穷养"的理念,我却认为,穷养、富养都不如用家规好好教养。

年过古稀，育人、树人数十载，我深深地认识到人生最大的资本不是拥有巨大的财富，不是寒窗苦读汲取到的知识，而是几代人传承下来的刻在骨子里的教养。一个有教养的人无论智慧高低、财富多寡，总会在与人交往中受到更多尊敬，在平凡的生活中获得更多快乐和幸福感。

可是，好教养不是天生的，需要经过后天的培养。俗话说："栽什么树苗结什么果，撒什么种子开什么花。"我们想让孩子长成参天大树，或者绽放娇艳不败的鲜花，就要树立良好的家规，让孩子从小在潜移默化中获得好教养。

我们齐家家规甚严，父母在世时立了很多规矩严格规范我们的言行。我们家兄弟姐妹多，于是父母就定了这样一条规矩——好东西要平均分配。无论是一颗糖、一块儿西瓜还是一个苹果，他们都会平均分成五份，我们兄妹五人无论男女长幼，每个人都有份儿。在这条规矩的约束和影响下，我们兄弟姐妹从不为吃喝、金钱而争抢，一直团结和睦、互帮互助。

父亲病重时特意给我们兄妹每个人写了一封信，字里行间都是对我们的谆谆教诲，提醒我们要好好做人、好好做事。总结起来，就是要求我们要做到：为人善良本分，做事认真勤恳,吃苦耐劳,珍惜时间,懂得感恩。

父母给我们立规矩,我们也给孩子立规矩。大到为人处世,小到生活习惯,我们家都有规可循。比如,和别人交往要真诚善良,放学回家后先写作业,勤剪指甲勤洗浴,衣服要干净整洁,要主动承担家务等。

我儿子的善良和责任感离不开家规的熏陶。他上大学期间,一天晚上,有个舍友患急性阑尾炎。在没有出租车和公交车的情况下,我儿子想方设法借来一辆平板车,奋力将舍友带到医院就诊。得知舍友需要做手术,他就在医院陪护,直到确定舍友没有危险之后,才放心地回到学校。

很多人问我,如何才能养出善良、幸福又有能力的孩子呢?其实,最重要的是有好的家规。

好家规能让孩子在生活、学习以及与人相处时都能规矩有礼、知进懂退。不过,家规的内容不可事无巨细,只要把握好大方向,恰到好处地指引孩子的言行就可以了。

家规的内容要质朴实用、由简入深。受年龄的限制,孩子的自控力是有限的,很难遵守复杂的家规,因此我们要尽量把规矩制订得简单实用,一看就懂。随着孩子的成长,家规也需要不断升级,从最初的"好好吃饭、早睡早起"渐渐转变为"生活作息要健康规律"等。

家规中要制订"惩罚条约"。树立家规的目的是规范孩子的言行，如果孩子违反家规，理所应当要受到相应的处罚，这样才能展现家规的权威。家规中的"惩罚条约"就是"家法"，在古代的一些大家族中，无论谁违背了家规，都会被"家法伺候"。但是，我们订的家规，惩罚要有度，方法要温和，不能伤害孩子的自尊。

执行家规要温柔而坚定。树立家规后，全家人都要始终如一地执行，不能因孩子闹情绪而降低标准，也不能因父母们工作繁忙而将其束之高阁，否则家规就会成为一纸空文。

想让孩子自觉、严格遵守家规，父母就要做个好榜样。有的父母要求孩子礼貌待人，转身却因为一点儿小事儿与别人大吵大闹；要求孩子早睡早起，自己却因为打游戏、玩儿手机熬个通宵。这种宽以待己、严以待人的教育方式非常不可取。只有父母遵守家规、严格律己，孩子才会有样学样。

好的家规就像一件传家宝，需要经过几代人的呵护与打磨，在漫漫岁月中沉淀得更加温润美好。拥有它，孩子可以健康成长、幸福一生。

家风好，孩子的幸福感更强

我在阅读法国19世纪著名作家司汤达的作品《红与黑》时有这样一种感受——人类之所以不断奋斗、努力活着，并不是为了成为巨富，而是为了得到幸福。简而言之，我们所做的一切努力都是为了得到幸福。

其实，获得幸福这件事说容易也容易，说难也难。说它容易，是因为幸福本质上是我们的一种心理感受，只要我们觉得幸福，生活就会就真的幸福。说它难，是因为幸福这种感受无法凭空而来，它与我们的财富、品德、健康、家庭等密不可分。也正因此，有的人家过着平凡的生活，却有着满满的幸福感；有的人家坐拥财富，却经常愁眉不展。

在我看来，一个人能否生活得幸福，与他的家风关系最为紧密。近代教育家蔡元培先生在他的作品《中国人的修养》中写道："家庭者，人生最初之学校也。一生之品性，所谓百变不离其宗者，大抵胚胎于家庭中。"我十分认可蔡元培先生的观点。如果我们想了解一个人的品性和幸福感，看一看他的家风就能知道一二。

家风是一个家庭经久延续而形成的一种无形的文化传统，它时刻影响着家庭中的每一位成员。家风好，孩子就能在潜移默化中形成乐观的性格、高尚的品德、进取的勇气等，也更容易在生活中感受到幸福，在未来的拼搏中获得成功。

从古至今，无论是豪门望族还是平民之家，许多家庭都以各自的方式使家族成员沐浴在春风化雨般的家风之中，于平凡的生活里收获幸福。

清朝时期，湖南娄底的曾氏家族奉行的家风是"家俭则兴，人勤则健；能勤能俭，永不贫贱"。在"勤俭"家风的浸润之下，这个家族200多年来从未出现过败家子儿，造就的名人义士多达200个，其中就包括晚清时期政治家、文学家曾国藩。曾国藩很有先见之明，知道仅靠现有的成就无法让家族的人获得持久的幸福，于是在家训中加入了"家和则福自生"。所谓"家和"，就是长辈爱护晚辈，子女孝顺父母，弟弟恭敬兄长。在这条家训的熏陶下，曾氏子孙个个重情重义、和睦团结，不但事业有成，还家庭幸福。

说起幸福，我和我的家人们也深有感触。这还要感谢我们齐家的祖辈和我的父母，他们很早就定下了"忠厚善良、勤奋好学、刚强果敢"的家规，还以"受人滴水之恩，当涌泉相报；受人涌泉之恩，当以命相报；宁可人负我，我不负人"为家训，早早地就把坚强的性格、优良的品性融进我们齐家子孙的血液中，为我们描绘了幸福的人生底色。

我的家乡是东北的一个小县城。我们齐家是县城里的一户普通人家，在良好家风的滋养下，几代子孙都事业有成、生活美满。我们兄弟姐妹从良好的家风中受益良多。

在父母的悉心教育下，我们兄弟姐妹从小就相亲相爱、积极乐观。我们成年后，虽然职业各不相同，但都工作勤恳、热爱生活，还把各自的家打理得井井有条。如今我们兄弟姐妹们虽然天各一方，但每逢节假日都会欢聚一堂，享受快乐温馨的美好时光。

我是黑龙江省特级教师，教龄有40多年，可谓"桃李满天下"。我的学生大都成长为各行各业的佼佼者，逢年过节，他们会以各种方式给我送来祝福。这是我作为一位教师幸福的来源。

我的家庭生活美满，儿子也很争气。儿子成为全县当年唯一一位考入清华大学的学生，后来又进入我国科技行业工作。我退休之后，生活变得更加丰富多彩，既能享受儿孙承欢膝下的快乐，还能参加各种有意义的社会活动。这样的晚年生活让我倍觉充实和满足。

我们一家人的经历恰好印证了这样一个道理：好家风是孩子快乐成长、幸福一生的根源。好家风好比春日的风雨，能在悄无声息间滋润孩子的心灵，让他们的内心充满爱和善意。同时，好家风还能起到修身、齐家的作用。修身即修炼家庭成员的品德、学识、习惯、能力等，让孩子以及每一位家庭成员变得更优秀；齐家就是提升家庭、家族的凝聚力，引导一家人齐心协力应对困难或解决问题，和睦相处。

所以，我认为让孩子幸福一生的方法，就是订立有自家特色的好家规，树立好家风。

有自家特色的好家规和家风，其精髓应该符合全家人的气质。比如，在我国传统中，做生意的人家常常以"诚信"为家风精髓，书香门第多以"勤思好学"为家风的核心，农耕之家大都以"勤恳忠厚"为家风的重点等。当家风符合家族气质时，家庭成员能更好地在家风的熏陶之下，不断提升自我，创造幸福快乐的生活。

确定了家风后，还要制定与之相符合的家训以规范家族成员的言行。以我的家族为例，自从我的父母成为教师后，家训中就多了一条"认认真真教书，老老实实做人"。在我们长大成人后，家族中从事教育行业者都认真奉行这个家训，这使我们不仅受到学生的爱戴，还得到学生家长们的信任以及社会的认可。对教师而言，这就是最大的幸福。

良好的家风需要传承，最好的传承方式就是言传身教。我时常提醒晚辈们："树立和传承好家风不能靠说，要靠全家人以身作则，这样才能把好家风一代代传承下去，造福子孙。"言传是理念的传递，身教则是行动的指导。父母是孩子的第一任老师，只要我们身体力行履行家风，孩子就能在我们的引导下学会做人做事，乐观生活，创造属于自己的精彩人生。

父母有成就，孩子更自豪

我们常说，孩子是父母的镜子，父母是孩子的榜样。父母在某个或几个方面表现得出类拔萃，就会让孩子引以为荣，无须父母说教，孩子也会主动为实现自己的梦想而奋斗，创造自己的幸福人生。

有的父母总是希望自己的孩子成为"别人家的孩子"，其实只要父母首先成为孩子心目中"别人家的父母"，孩子自然会有出息。

北京师范大学中国基础教育质量监测协同创新中心、北京师范大学中国教育与社会发展研究院等权威机构联合发布的《全国家庭教育状况调查报告（2018）》的数据显示，孩子在年幼时最崇敬的人并非明星、科学家、企业家等，而是自己的父母。我们若想让孩子有所成就并幸福一生，最好的方法就是用自己的成就和幸福生活影响孩子。如果父母像正午的太阳一般闪耀，孩子自然也会不甘落后，也会努力让自己闪闪发光。

一般来说，父母有成就，孩子也会十分优秀。比如，以钱学森为代表的中国钱氏家族，一门几代人的精神相互激励，诞生了10位院士；20世纪英国物理学家威廉·亨利·布拉格用自己的勤奋影响着儿子劳伦斯，父子二人携手研究，最终一起荣获诺贝尔物理学奖；同一时期的另一位英国物理学家约瑟夫·约翰·汤姆森是儿子乔治·佩吉特·汤姆森的骄傲，他用自己的成就激励着儿子不断进步，儿子最终也获得了诺贝尔物理学奖。

我之所以能成为一名优秀的人民教师，很大程度是因为受到了母亲的影响。在我的印象中，母亲几乎每年都会被评选为县或市或省的先进工作者。那时的先进工作者没有奖金，只有一个简单的纪念品——笔记本。母亲获得的笔记本奖品被装了满满一大箱子，后来都成为我们兄弟姐妹上学时的学习用品了。

有一次，我看到照相馆的橱窗里摆着母亲荣获省先进工作者时拍的照片，看着母亲自信的笑容，一股自豪感油然而生。也许从那时起，我的心田就种下了一颗想要做一名优秀教师的种子。

我的兄弟姐妹都视母亲为骄傲，以母亲为人生标杆创造了各自的成就。姐姐勇敢创业，收获财富；妹妹聪敏能干、事业有成，还把孩子培养成博士后；两位弟弟勤恳努力，一位是铁路系统的纪检书记，另一位是县物价局局长。我们每每回想起自己为事业奋斗的岁月时，都认为母亲赋予了我们力量和智慧。

最令我感到自豪的，是我在工作中取得的成就也影响了孙女的成长。

有一年，我的学生们举办了师生三十年相聚的联谊会，我带着孙女一起回到故乡，和分别数载的孩子们相聚。这些孩子们已经事业有成，但无论他们身份地位高低，对我依然像以前一样亲切、热情。

这一趟旅程让孙女感触很深，在回家的路上，她说："奶奶，我长大了也要当老师。"

我知道，她曾经的梦想是想像她爸爸一样，考入清华大学成为一名科学家。所以,当我听到这句话后,好奇地问:"你为什么想当老师?"

她很认真地告诉我:"当老师太幸福了,能受到这么多人的尊重!"

我听后十分欣慰,因为我的工作成就让孙女感受到了自豪和幸福。

父母希望孩子成为什么样的人,自己就要先成为什么样的人。可是,有的父母听到"成就""优秀"等词汇时可能就会产生焦虑和惭愧之情,他们认为平凡的自己配不上这样的评价,也难以成为孩子的骄傲。其实,包括我在内的绝大多数人都是平凡而朴实的普通人,但这并不代表我们不优秀。这是因为——优秀的定义并不局限于拥有外在的财富和地位,还包括拥有高尚的品格、美好的声誉、良好的性格、积极乐观的生活态度等。

我们无论身居何位、财富多寡、成就高低,只要品德高尚、工作勤奋、生活积极,活出自己的精彩,我们就是优秀的父母,足以成为孩子的骄傲,让孩子在成长的过程中汲取丰富的营养,渐渐成长为优秀、幸福的人。

家庭和睦,孩子安全感十足

《礼记》中有这样一句话:"父之笃,兄弟睦,夫妻和,家之肥也。"自古以来,和睦的家庭氛围是一个家庭乃至一个家族兴盛不衰的根本。和睦的家庭氛围是孩子拥有美好生活的基础,是孩子拼搏的底气,是孩子幸福成长、快乐一生的源泉。

我们兄弟姐妹之所以能够收获幸福的人生,也离不开父母创造的和睦温馨的家庭氛围。在20世纪六七十年代,我们七口之家过着拮据而窘迫的生活。常言道:"贫贱夫妻百事哀。"但我的父母从未因生活琐事争吵过,他们相濡以沫,用爱和实际行动温暖着彼此以及我们兄妹五人,让童年的我们内心丰盈,安全感十足。

父母的熏陶让我意识到：家庭和睦是孩子获得一切幸福和能量的根源。因此，在成立了自己的家庭后，我和爱人也努力为孩子创造一个同样温馨的成长环境。

我和爱人的性格大相径庭，我外向开朗，他不苟言笑，两个人的性格形成鲜明的对比，不过这种性格差异没有让我们产生大矛盾，反而形成优势互补。

我的爱人无论在家里还是在外人面前，都是一副"老好人"的形象。以教育孩子为例，当他发现孩子的问题时从来不直接批评孩子，而是把自己的想法告诉我，再由我和孩子沟通。我经常开玩笑说："我就像他的一把枪，他指哪儿我就打哪儿，好人都让他做了，得罪人的活儿却让我包揽了。"

我们共同生活了31年，后来他因病去世。30多年间虽然也有磕磕碰碰，但我们都在全心全意经营着自己的小家庭，用爱抚育儿子。我的儿子在这样的家庭中长大，内心有满满的安全感，因此他一向乐于敞开心胸拥抱生活，在成年后也能独当一面，撑起自己家庭的一片天。

想让孩子拥有安全感和归属感，我们就要用自己的耐心和爱为孩子营造和睦的家庭氛围。而和睦的家庭氛围以和谐的夫妻关系为基础。那么我们应该如何经营夫妻关系呢？

夫妻要互相尊重、平等相处。无论是男主外女主内还是女主外男主内的家庭，都要避免其中一方过于强势，否则家庭就会矛盾不断，争吵不休。父母之中有一方过于强势，孩子的身心健康就容易受到影响，或缺乏安全感，或胆小怯懦，或暴躁不安，成年后也难以大胆追求自己的幸福。

夫妻要互相包容。在一个家庭中，夫妻二人都扮演着非常重要的角色。丈夫有挣钱养家的责任，妻子有照顾一家老小的任务，谁都不容易，应该互相体谅。此外，夫妻二人来自不同的家庭，性格、喜好、生活习惯等都会有一些差异，只有互相大度包容、善于化解差异，才能在几十年如一日的平凡而琐碎的生活中营造出美好和谐的家庭氛围。

夫妻要互敬互爱、齐心协力。人类创造婚姻的目的并非互相索取，而是让男女双方共同努力，一起奔向幸福的未来。想实现这一目标，夫妻双方就要做到互敬互爱，目标一致。养育孩子也是如此，夫妻的观念和立场一致，孩子才会身心健康，快乐成长。

娇艳的花朵是被肥沃的土壤培育出来的，乐观幸福的孩子是被温馨和睦的家庭氛围滋养出来的。好好经营自己的家庭，让孩子在爱与温情中成长，孩子才能从平凡而幸福的生活中获得乐观向上的动力和追求幸福的勇气。

亲子平等，孩子才有独立的人格

我很喜欢 20 世纪黎巴嫩作家、诗人纪伯伦的《你的孩子，其实不是你的孩子》这首诗，而且对其中的"他们通过你来到这个世界，却非因你而来。他们在你身旁，却并不属于你"这句话感触很深。对于孩子和父母的关系，我也有同样的观念。我深知孩子与我并没有从属关系，我们天生就是平等的。所以，教育应该建立在平等的基础上，无论是师生还是亲子，都应该以平等的姿态相处和沟通。

平等既是身份的平等，也是思想和灵魂的平等。我们不能以高高在上命令式的口吻与孩子沟通，不能局限于自我的认知看待孩子的问题，更不能以生养之恩干涉孩子的正当想法和行为。我们要以平等的身份给孩子以自由，让孩子尽情地追求自我、绽放自我，成为一个人格健全、思想独立的孩子。一个人格健全、思想独立的孩子才会拥有敏锐的思考能力和自主、清晰的分辨能力，才会更加自信、勇敢，更容易收获幸福的人生。

记得儿子高考结束后，我们全家因为儿子填报考志愿的事情产生了分歧。

当年(20世纪90年代初)儿子高考时是考前报志愿。儿子依据自己高中的成绩和自己的理想，想报清华大学。我们这个东北县城，多年来并没有能够考取清华、北大的学生，如果他不能被第一志愿录取，很可能滑档。我和爱人为了能更有把握，决定给孩子填报在当年分数线稍低的北京某所大学。我们把志愿表填好后拿给儿子看，结果儿子对我们自作主张的行为大为不满，他斩钉截铁地说："即使有落榜的风险，你们也应该让我试一试，你们怎么能擅自决定我的志愿呢？"

当时，我听了这话后十分震撼，因为在此之前性格温和的儿子从未有过如此激动和坚决的言语。我和爱人思前想后，决定尊重孩子的意见，让他重新填写了高考志愿表。最终，儿子如愿步入心仪已久的清华大学，实现了自己的求学梦，开启了更加幸福美好的人生旅程。

事后我曾反复琢磨这件事：倘若当时我一意孤行，为了稳妥而不允许孩子报考清华大学的话，那么如今孩子的人生又会是怎样一番风景呢？也许他依然能凭借自己的努力闯出一片天地，但他失去这次独立自主的机会，无疑将会成为他一生的遗憾。

北京大学一位心理学博士曾说，北京大学有一些学生出现厌学、厌世的情绪，尽管他们品学兼优，却难以体会到生活和生命的美好，对未来十分迷茫，这就是人格不独立导致的心理发展障碍。

作为父母，我们不仅要关注孩子的学习，更要培养孩子健全而独立的人格。而想实现这个目标，我们就要和孩子建立平等的亲子关系。

父母把独立选择的权利还给孩子，是建立平等的亲子关系和培养孩子独立人格的基础。无论孩子年龄大小，我们都要给予其充分的选择权，让他们从选择自己喜欢的食物、衣服、玩具、朋友、书籍等事情开始，学会自己做决定，遵循自己内心的需求，在日常生活中逐渐形成健全而独立的人格，变得自信、强大。

父母和孩子平等交流，是建立平等的亲子关系和培养孩子独立人格的一个较好的途径。交流是亲子沟通的主要方式，想建立平等的亲子关系，我们就要做到与孩子平等交流，让孩子敞开心扉，充分表达自己的想法，而不是畏首畏尾地讨好父母，形成怯懦扭捏的性格。

父母爱得有界限是建立平等的亲子关系和培养孩子独立人格的关键。一些溺爱型父母在亲子关系中缺乏界限，无边界地介入孩子日常生活和成长的方方面面，导致孩子没有自由空间，并限制了孩子的独立性，不利于孩子成为一位身心健康、独立自主的社会人。

父母爱孩子，就要给孩子有界限的爱，让孩子拥有广阔的探索空间，在自我思考、自我管理中形成独立的人格。

隔代帮忙，共筑幸福大家庭

在中国，老人与儿孙同住是比较普遍的现象，隔代抚养也成为社会常态。中国教育学会家庭教育专业委员会理事长朱永新教授认为，隔代抚养具有经验优势和情感优势，但也存在着老人养育观念落后、边界不清等弊端。

我的一位老朋友就遇到过这类问题。他们家三代同堂，子女因忙于工作而没有充足的时间教养孩子，老两口只能扛起养育孙子的重担。我的这位朋友性格很强势，她认为孙子是自己一手带大的，理应与自己更亲近，儿子和儿媳也要顺从她。可是事与愿违，儿媳并不认同她的养育方法，隔三岔五就会因为养育孩子的事情与她争吵一番，家庭中总是充斥着剑拔弩张的气氛。

她很羡慕我的家庭，因为同样是三代同堂，我们家却温馨又和谐，她忍不住向我求取促进家庭和睦的方法。我告诉她，只要把隔代抚养转变为隔代帮忙，很多问题都会迎刃而解，家庭也会渐渐和睦，而家庭和睦则福气生。

所谓隔代帮忙，即老人只负责辅助子女养育孙辈，而不是越俎代庖替子女教育孙辈。简而言之，在教育第三代这件事儿上，老人要退居二线，把一线的位置让给子女。

在家庭中的二线做好养育工作可不容易。子女工作忙碌，与自己的孩子相处的时间相对较短，老人就要主动创造机会多让孩子与其父母接触。比如，子女下班或者放假后，老人尽量让孩子与父母单独相处，这样既能增进亲子关系，也便于子女直接教养孩子。如果子女的闲暇时间不充足，老人也要时常与子女沟通孩子的情况，采用子女认可的方法和理念教育孩子。

我们家有一个不成文的规定：教育孩子要口径一致。如果我和儿子、儿媳的教育观点有冲突，就要挑选一个孙女不在家的时候召开家庭会议，商讨出一个大家都认可的观点或方法。

孙女进入青春期后，自主意识越来越强，不再喜欢我们背着她开家庭会议。她强烈要求家庭会议的"全员化"，还积极为自己争取话语权。在她的据理力争下，我们只能妥协。不过，即便在每次家庭会议中她都否定我们的观点，但我们三个家长始终保持相同的立场，她最终也只能被迫接受会议达成的结果。

一次，家庭会议结束后，她生气地对我说："奶奶，咱俩不是一伙儿的吗？您怎么能帮着我爸妈说话呢？"

我冲她笑笑，说："在教育你的问题上，我肯定要站在你爸妈那一边儿啊！"

她虽然对我有点儿失望，但是为了她的健康成长，我认为我的这点儿"损失"不算什么。

有些老人就很难做到这一点。俗话说："隔辈亲，亲在心；隔辈亲，连着筋。"有些老人对孙辈的疼爱到了溺爱的程度，只要子女的行为看起来似乎让孙子孙女受委屈，他们就会从中阻拦，破坏子女的教育行为。我当然也十分疼爱孙女，但我疼爱得有度，从未越过"溺爱"这条界线。每次儿子儿媳教育孙女时，我要么在一旁看着，要么去其他房间做自己的事情，绝不从中干涉。也正因为我守住了这条底线和边界，儿子儿媳的教育效果才更显著，我们这个家才更和谐。

人们常常说："家有一老，如有一宝。"我认为，老人能否成为一个家庭中的"宝"，关键看他如何帮助子女经营家庭。以辅助教育孙辈为例，如果老人不但能照顾好孩子的衣食住行，还会以恰当的方式促进孩子的身心发展，那么老人就是最好的"镇家之宝"。所以，隔代帮忙帮到点子上，才能真正给子女减轻压力，利于孙辈成长。

但是，想把孙辈养育好，老人现在可不能完全依靠经验了，而要不断更新自己的理念和做法。自从孙女出生后，我阅读了很多专业的育儿书，学习了一些以前不了解的教育理念，对养育孙女很有帮助。例如，阅读了《爱和自由》这本书后，我十分认可作者的这个观点：在用爱包围着孩子时，还要给予孩子绽放生命的自由。我和儿子儿媳为孙女创造了充满爱和自由的成长环境，她的天性才得以充分发展，成为一个乐观开朗、坚强自律的孩子。

"亲子教育"和"隔代帮忙"好比家庭的两颗心,当它们相互配合着同频跳动时,才能让孩子充分感受到家庭的温暖,快乐成长、幸福一生。

第二章

你谦和有礼，孩子社会化的"第一步"就会顺畅且快乐

你礼仪周到，孩子才懂礼貌

无论古今中外，人与人之间的交往都离不开一个"礼"字。我们中国的礼仪文化更是源远流长。从朝堂到坊间，从君主到平民百姓，大到国家互通，小到邻里往来，事事都有礼有节。很多名人文士还因礼仪周到而受世人敬仰。如春秋末年思想家曾子"避席"受教，宋代学者杨时和游酢"程门立雪"等。

有"礼"走遍天下，无"礼"寸步难行。我们想让孩子在生活、学习以及未来的工作中受欢迎、受尊重，就要引导孩子懂礼貌、知礼仪。懂礼貌是我们要尊重他人，在相应场合做恰当的事情，让对方感到舒适和愉悦。懂礼貌是孩子的社交通行证，让孩子在生活、职场乃至人生中顺畅通达，收获幸福。

但生活中有种现象：知晓懂礼貌和礼仪的好处后，有些父母便迫不及待地把各种礼仪知识强塞给孩子，殊不知这种做法见效慢且容易"反弹"。经过多年的观察和总结，我发现：真正有效的礼貌教养法就是父母对孩子潜移默化地熏陶。简而言之，父母只有在日常生活中礼仪周到，孩子才能真正学会懂礼貌、知礼仪。

以我们家为例。家中有客人拜访时，母亲总会热情地将客人迎进门，然后为客人沏一杯热腾腾的茶水，甚至拿出为数不多的糖果招待客人，极尽主人的礼仪。家中请客时，父亲总会把最好的菜先夹到客人的碗中。我们兄弟姐妹从小耳濡目染，渐渐地就懂得了待客的礼仪。

我曾见过这样的情况：有个女孩在校内、校外碰到老师时从不主动问好。起初我以为这个孩子只是比较腼腆而已，直到有一次碰到她的父母，我才明白这是缺乏礼貌和教养。

当时，期中考试刚结束，我在下班回家的途中巧遇这个女孩及她的父母。女孩的母亲迎上来问我："哟，齐老师，我家孩子考得怎么样啊？"

"成绩还没有统计出来呢，我也不清楚。"我回答说。

我和女孩的母亲寒暄聊天，女孩的父亲则和女孩在一旁站着，脸上露出不耐烦的表情。过了一小会儿，女孩的父亲便催促道："快点儿，别瞎聊了！"女孩的母亲听了，只好急匆匆地和我道别。

养不教，父之过。孩子不懂礼貌、不知礼仪，父母要负首要责任。那么，我们应该如何以身作则，培养出一个懂礼貌的孩子呢？

礼貌和礼仪是从我们的言谈举止中流露出来的，所以我们要注意自己的言行，无论在家里还是在公共场合，都要礼貌待人，时常将礼貌用语挂在嘴边。有的父母认为，礼貌用语是对外人使用的，所以在外彬彬有礼，在家却粗俗蛮横。这种做法犯了两个错误，一是没有建立有礼貌和礼仪的家庭环境，没能让孩子受到礼貌、礼仪的熏陶；二是父母在家里家外的表现判若两人，会给孩子留下"两面派"的印象，不利于孩子良好品格的养成。所以，我们在和孩子、爱人、长辈说话时，也要时常把"谢谢""对不起"等礼貌用语挂在嘴边，这样孩子才能受到良好影响。

我们想让孩子懂礼貌、知礼仪，就需要给孩子做示范。比如，要想教育孩子不随便插话，我们平时和孩子交流时就要耐心地听孩子表达自己的想法，等到孩子说完，再提出自己的疑问；要想教育孩子主动与人打招呼，我们自己碰到熟人时就要热情问好；要想教育孩子进门前要敲门，我们自己就不能擅自进入孩子的房间，更不能随意翻找孩子的私人物品。

想成为一个懂礼貌、礼仪周到的人并不是件容易的事情，有些孩子刚接触陌生人时不敢说话，连一句简单的"你好"都羞于张口。因此我们要为孩子创造各种社交机会，让孩子在实践中学会轻松、礼貌地与人相处。

礼貌和礼仪是开启社交之锁的钥匙，是滋润干涸灵魂的雨露，是照亮孩子人生之路的明灯。我们早一点儿让孩子懂礼貌、知礼仪，就能使孩子在与人交往时多一分自在和快乐。

你良言暖语，孩子才口齿噙香

俗话说"嘴上带尺，脚下有路"。这是在告诉世人，说话时把握好分寸，人生之路才会平坦开阔。《荀子·荣辱》中记载："与人善言，暖于布帛；伤人之言，深于矛戟。"会说话的人，三言两语就能说到对方的心坎儿里，让人如沐春风。不会说话的人，有时一张嘴就像数九寒风一样刺伤他人的情感和自尊。

当我们用言语为别人送去安慰、快乐和自信时，对方也会回馈给我们尊重和友谊，让我们的人生多一分精彩和温暖。这就是心理学所说的"互惠效应"。

我的父母在生活中颇受敬重，就是因为他们说话有分寸，无论与长辈、平辈还是与晚辈说话，总会斟酌后再出口，从未说过伤人、贬低人的话。受他们的影响，我也从不挖苦、打击身边的人，即便个别学生表现得不尽如人意，我也不用"傻""笨"等负面的词汇批评他们。尊重是相互的，我尊重学生，学生也由衷地尊重我、喜爱我。

但有些父母就很难做到这一点。多年前的家乡，我们家附近有两家人经常为各种小事争吵，两家的女主人动不动就站在院子里你一句我一句地互相揭短、谩骂，场面十分不堪。有时候，他们的孩子还会加入骂战，给父母助威。多年后，我再次见到这两家的孩子时，发现他们与人说话时的状态与自家的长辈如出一辙，不但脏话连篇，还尖酸刻薄。

可见，要想培养会说话的高情商孩子，父母平时就要注意自己说话的分寸。

可能受某些娱乐文化的影响，现在有些人张嘴闭嘴都在评说他人的缺陷、糗事，认为这种表达方式能让自己显得风趣幽默。在我看来，这样的说话方式虽然在娱乐节目中很受欢迎，但在日常生活中则是缺乏教养的体现。

我们用温和友善的措辞与他人交流，耳濡目染之下，孩子也会学会好好说话。比如，爱人烹调的饭菜不够可口时，我们可以说"吃饭吃的不是味道,而是被爱的感觉";他人的着装有些滑稽时,我们可以说"您的品位很特别";等等。孩子每天被友好的氛围以及动听的词汇包围着,自然不会说出刻薄、伤人的话。

有些父母认为会说话就是说别人喜欢听的话,奉承对方。其实,会说话是要求我们在理解他人的同时,用恰当的言辞精准、有条理地表达自己的观点,既抓住了谈话的核心,也照顾到了对方的面子。简而言之,与人交流时要朴实、诚恳。

有些父母与他人发生矛盾时习惯大吼大叫,以为只要自己声音够大、气势够强就能在争吵中取得胜利。孩子如法炮制,与同学发生矛盾时也采取"咆哮沟通法"解决问题。这种说话方式也许可以帮助孩子取得暂时的"胜利",但很难让孩子受到同学们的尊重与欢迎,甚至阻碍孩子的人际交往,降低孩子在群体生活中的快乐感。

英国文艺复兴时期散文家、哲学家弗朗西斯·培根认为,面对不支持我们的人,说话时更要婉转温和,这样才能减少对方对我们的成见,有利于矛盾的化解。所以,当我们与他人意见不同时,不能通过提高嗓门和语速的方式压迫对方,而要控制好语速和音量,以不卑不亢、不急不躁的态度阐明自己的观点,让对方心悦诚服地接受我们的意见。父母能做到这一点，孩子也会理智、平和地与人沟通，赢得尊重。

与人交流时，我们不要一味地谈论自己，应该适时地把表达的机会主动让给对方，激发和满足对方的表达欲望，这样才能使双方的交流更加畅快、愉悦。我们在与孩子沟通时也要把握好度，既要引导孩子充分表达内心的想法，也要让孩子明白沟通和交流需要你来我往，这样孩子在与他人交流时才不会以自我为中心。

语言是人与人之间进行思想交流的工具，能够展现我们的情感和智慧。想让孩子成为有智慧、有温度的人，我们就要耐心培养孩子好好说话的能力，让孩子口齿噙香，快乐社交，收获友谊。

教孩子把"社交事故"变成交友故事

古代的先贤们对交什么朋友、如何交友都有深入的研究。如《论语·季氏》中记载，子曰："益者三友，损者三友。友直，友谅，友多闻，益矣。友便辟，友善柔，友便佞，损矣。"告诉我们要结交正直、诚信、知识广博的益友。还有句关于与他人交往原则的古话是："人未己知，不可急求其知；人未己合，不可急与之合。"这句话的意思是：我们交友不能急，要在相处中慢慢了解对方，然后再决定是否深交。

我们为什么要交友呢？因为除了亲人之外，我们的人生中还需要朋友的陪伴。没有朋友，我们就好比浩瀚宇宙中的一颗孤星，无论释放多么耀眼的光芒也无人欣赏，而且可能会孤独、寂寞。有了朋友之后，我们的身边就仿佛有很多颗星星闪烁，我们彼此释放光芒，回应对方，温暖对方，既让自己的生命有了活力，也让宇宙变得灿烂夺目。

交友对孩子的成长大有裨益，能助力孩子的个性发展，增强孩子的社会能力。在与人交往的过程中，孩子既可以收获不同方面经验、知识和技能，又可以学会认识自我、了解他人，逐渐建立轻松、愉悦的社交圈，让自己的人生丰富多彩。一个会社交的孩子，求学阶段会得到同学和老师的喜爱，成年后也可能因良好的社交能力而拥有良好的人际关系，可能获得更多资源。

可是，有的孩子是被家人溺爱着长大的，总是以自我为中心，并存在一些不良行为习惯，与人交往时难免发生"社交事故"。

我教过一个叫小琳的女孩，我曾目睹过她与人交往时发生的一件事。一次，她和自己的好朋友小蓓玩耍，正玩儿得高兴时，另外一名同学加入进来。这个同学和小蓓的关系也不错，两个人十分亲密。小琳见状，便阴阳怪气地对小蓓说："既然你有更好的朋友了，以后就不要再找我玩儿了！"她说完这话扭头就走，留下小蓓与那个同学面面相觑。一连几天的课间，我发现小琳都没有再和小蓓说过话。

"你最近怎么没和小蓓玩儿了？"一次课间，我抽空问小琳。

"我不好意思去找她。"小琳小声答道。

"你们平时形影不离的，有什么不好意思的？"

小琳一五一十地把事情的原委告诉我，原来她早就意识到自己之前的做法欠妥，只是羞于主动做出让步，便和小蓓打起了冷战。

"可是，你为什么不希望她和别的同学走得太近呢？"

"我把她当作最好的朋友，所以也希望她能把我当成最好的朋友，一看到她和别人也相处得那么好，我心里就不舒服……"

听到这里我就明白了，小琳并不是自私，而是希望从小蓓身上得到等价的回馈，在人际交往中，这种心理再正常不过了。

社交具有互酬性，当交往双方相互给予同等程度的关心时，这段关系就会更加牢固，如果一方付出的过多或者想要的太多，就会给交往带来阻碍。解决这种社交矛盾，要从打开心结开始。

"每个人都是自由的，你的朋友也有结交其他朋友的权利，你认识到了自己的错误，就要主动向小蓓认错。"

"万一她不原谅我呢？"小琳有点儿担忧。

"你要诚恳地向她说明自己的心意，让她意识到你对这份友情的重视，她一定会理解你的。"我鼓励她说。

过了几天，我发现这两个小女孩又变得形影不离了。

孩子们在成长的过程中会经历各种各样的"社交事故"。比如，被同学欺负后不敢与对方理论，每次见到这个同学就绕着走；在人多的场合不敢说话，总喜欢窝在一个角落里当"透明人"；遇到熟人不好意思打招呼，可是错过之后又非常后悔；在同学们面前出丑之后，总觉得大家会看不起自己；和朋友争吵后，不知道如何挽回友情；等等。我们只有教会孩子理解他人、关心他人、照顾他人的情绪和面子，孩子才能恰到好处地处理各种社交问题，收获与他人真诚的友谊。

有的孩子与同学闹矛盾之后就一味逃避，以为过一段时间就没事儿了。可是等他再次面对这件事情时才发现，矛盾并没有化解。这种消极被动的社交态度无法使孩子留住友情。每种"社交事故"都有化解技巧，而在各种化解技巧中，主动出击、积极采取措施解决问题则是一个通用原则，可以帮助孩子解决很多社交问题。

所以，无论孩子遇到什么社交难题，我们都要鼓励他说出来，主动和他一起分析原因，想办法化解矛盾，这样才能帮助孩子将尴尬的"事故"变为美丽的"故事"。

告诉孩子接受不完美的朋友

我曾听过这样一个故事:一位老鞋匠想把自己的独门绝技传承下去,但两位徒弟中他只能选择一位技艺继承者。为了公平起见,他决定出一道题考验一下两位徒弟。这天,老鞋匠对两位徒弟说:"有位男士想定制一双完美的皮鞋,你们每人做一双,看看谁能满足客人的要求。"

两位徒弟听了立刻行动起来。过了5天,其中一位徒弟拿着自己制作的皮鞋给老鞋匠看,高兴地说:"先生,这双鞋虽然不完美,但是我已经尽力了,也很满意。"

老鞋匠仔细看了这双精美的皮鞋，称赞徒弟技艺高超。

又过了5天，另外一位徒弟垂头丧气地来到鞋店，对老鞋匠说："先生，对不起，我花费了很多时间和精力，但始终做不出一双完美的皮鞋。"

最终，老鞋匠把独门绝技传给了做出皮鞋的那位徒弟。在他看来，手工艺人的确要有精益求精的匠人精神，但为了绝对完美而制作不出产品是不可取的。

对于追求完美这件事情，南宋诗人戴复古也有诗云："黄金无足色，白璧有微瑕。求人不求备，妾愿老君家。"意思是，世上没有足色的黄金、无瑕的玉石，也没有完美的人，所以我们要以宽容的心态接纳身边的人和事。接受他人的不完美，我们才有可能了解真实的他人，了解真实的生活，才能对他人不过于苛责，从而在与人交往中获得轻松、愉悦的社交体验。

在我以前教过的一个班中，有个女孩成绩优异，我让她担任学习委员。这个女孩什么都好，就是有点儿追求完美。她担任学习委员一段时间后，同学们便对她很不满，有的同学甚至给我写了匿名信，建议我更换学习委员。

原来，她担任学习委员后，追求完美的性格更明显了，不但严格要求自己，还无法接纳别人的不完美。其他同学回答问题时,她总会指手画脚——"她说得不对""他的声音真小""他错得太离谱了"……老师夸奖别的同学时,她也会鸡蛋里挑骨头,总要说出别人的一两个缺点才罢休。

作为教师,我有责任帮助她改掉这个毛病。

我认为她和同桌的关系比较好,所以我特意问她:"你觉得你的同桌怎么样?"

"他上课总是说话,成绩也不好,我可不喜欢他。"

"他有什么优点吗?"我又问。

"他能有什么优点!"她不以为然地说。

"他这个人很讲义气,同学们都喜欢和他玩儿;他身体棒,跑步快,每年运动会都能给咱们班争光;他做事积极主动,每次大扫除都抢着干活。"我接着说,"他有这么多优点,你怎么能看不到呢?"

女孩低着头,似乎意识到自己的问题了。

我告诉她:"想让大家都喜欢你,首先你得学着喜欢大家,而喜欢大家的方法就是接受大家的不完美,学会找到并欣赏大家的优点。"

听了我的建议后,在一次班会上,她鼓起勇气对同学们说:"希望大家监督我,帮助我改正缺点。"

在我的点拨和同学们的提醒下,她爱挑别人毛病这种情况渐渐收敛了许多，和同学们的关系也缓和了不少。

生活中，这类孩子不在少数，他们总是用挑剔的眼光看待世界，视线里全是糟糕的事情，每走一步都抱怨不断，很难感受到生活中的种种美好。所以，我们要教会孩子从生活的点滴中发现事物美好的一面。法国雕塑艺术家奥古斯特·罗丹认为：生活中并不缺少美，而是缺少发现美的眼睛。倘若我们能帮助孩子摈弃偏见和消极的态度，一切美好的事物就都会住进他们的心里。到那时，别说朝夕相处的朋友，哪怕是一株草、一片树叶，孩子都能发现它们美好的一面。

我们想让孩子接受和欣赏不完美的朋友，除了教会孩子发现生活中的美之外，还要引导孩子明白人无完人的道理，让孩子看到他人缺点的同时，也能发现他人的优点。我们可以用历史人物、各个领域中的佼佼者的事例让孩子学会辩证地看待一个人。比如，号称"诗仙"的唐代诗人李白，他热情豪迈、不攀权贵、文采飞扬，无论是在唐代还是在当下，都很受人们的喜爱。可是，他也有一些缺点：恃才傲物、嗜酒成性。倘若孩子能够以这种辩证的思维看待身边的朋友，就不会抓住朋友的缺点不放，而是与之友好往来。

雄狮能称霸草原，却无法遨游天际；白鲨可以傲视群鱼，却难以在陆地生存。不完美才是生命的本质。接受不完美的朋友，孩子的人生不只是多了一份友情，还会多一分豁达和快乐。

你有好情绪,孩子才有好脾气

生活中,我发现一个现象:凡是脾气好的人,大多生活比较顺利,即便没有大富大贵,也能一生平和幸福。可是,好脾气大都不是天生的,而是在后天的成长环境中慢慢形成的。如果父母遇事能够保持好情绪,营造和谐温馨的家庭氛围,孩子大都也会拥有人见人爱的好脾气。

我和爱人性格都比较平和,很少为生活琐事大发雷霆,也许正是这个原因,我的儿子才会从小就性格温和。我曾自信地认为，只要我继续保持平和，也能把孙女培养成他爸爸的样子。但事与愿违，孙女活泼伶俐，是个特别外向的孩子，但有时遇事比较急躁，和她父亲的性格反差很大，我从前的教育经验放在她的身上收效甚微。我多次反思：难道是我自己的情绪太温和，在孙女面前失去威严了吗？在翻阅了大量教育学书籍后，我发现自己并没有做错。诸多教育专家认为孩子的脾气越不好，父母越要保持好情绪。

孙女进入青春期后脾气比较差，经常因为一点儿小事而吵闹。我的儿媳工作压力很大，每天面对"无理取闹"的孩子，总有大发雷霆的冲动。不过，我每次发现这个苗头后总会转移话题，让儿媳先消消火再一起解决孩子的问题，有效地避免了母女的正面冲突。

其实，我对孙女的坏脾气也有忍无可忍的时候，但每次责骂的话刚到嘴边，我都强忍着把它们重新咽回肚子里，耐着性子对孙女说："你可以试着控制一下你的脾气。"还别说，这句话挺管用的，孙女听了虽然不会立刻变得心平气和，但常常不再继续发作了。

孙女脾气的转变印证了一个道理：孩子的脾气好不好，关键看家庭中的长辈们能否做到情绪稳定。

德国经典绘本《一生气就大吼大叫的妈妈》中讲述了这样

的细节:"今天早上,我妈妈发脾气,冲着我生气地大叫。结果,吓得我全身都散开飞跑了……我的脑袋飞到了宇宙里,我的肚子落入了大海里,我的翅膀掉到了热带丛林中,我的嘴巴插在了高山上……"读完这个故事之后我的感触很深,也许父母的坏情绪给孩子带来的伤害远比我们想象中的还要大,有的伤害甚至会影响孩子一生的幸福。我每次想起这个故事都会提醒自己"今天要好好控制情绪"。

为人父母,我们一定要努力控制情绪,把自己打磨成一块儿圆润温暖的玉石,无论对家人还是对外人,都尽量和颜悦色,而不是随意把他人当作"情绪垃圾桶"。如果我们无所顾忌地对家人或孩子展露坏情绪,就可能给孩子带来一定的心理伤害,让孩子产生不安全感,甚至可能导致孩子产生这种想法:只要不高兴,就可以冲别人发脾气。

我们要用实际行动让孩子明白:情绪和脾气可以有,但不能随便发泄。比如,我们遇到不顺心的事情时不要一味地抱怨,而应该化情绪为解决问题的动力。这种做法能让孩子知道,解决问题比发脾气更有意义。当他人犯了错时,我们不要立刻批评、谩骂,而是冷静之后再与他人讲道理。这种做法能让孩子明白,讲道理比发脾气有效果。久而久之,孩子与他人相处时就不会轻易发泄情绪、乱发脾气了，在社交中能收获更多的友谊和快乐。

父母的好情绪好比一潭温泉水，孩子沐浴在其中，就能养出好脾气，而好脾气则是孩子一生的好福气。

第三章

你乐观豁达，孩子
才能远离
"成长的烦恼"

你做人豁达，孩子才会拿得起放得下

很多人都渴望生活得富足而顺遂。可是，人生不如意之事十有八九，鱼与熊掌常常难以兼得。那么，为什么在同样充满挑战的人生路上，有的人活得沉重压抑，有的人却活得轻松快乐、举重若轻呢？

《菜根谭》中的一句话给了我一些启发，这便是："仁人心地宽舒，便福厚而庆长，事事成个宽舒气象；鄙夫念头迫促，便禄薄而泽短，事事得个迫促规模。"一个人越是心胸宽广、豁达大气，就越容易收获幸福和成功。简而言之，凡是活得轻松快乐、内心幸福富足的人，大都心地宽厚且做到了拿得起放得下，既敢于为自己的人生拼搏，又能坦然接受成功和失败。

一般来说，心性豁达的父母，其子女也大都拿得起放得下。如宋朝诗人陆游虽然仕途不顺、屡遭贬谪，但心胸豁达，无论处于何种困境都能泰然自若，还写出了"山重水复疑无路，柳暗花明又一村"这样的传世佳句。在他的影响下，小儿子陆子聿从小就心性旷达，入仕后谦逊清廉，既积极进取，又宠辱不惊，为世人所敬仰。

可见，父母为人豁达，便能通过生活中的言行培养孩子宽广的心胸。

我的爱人就是一个豁达的人。在工作中，他如果出现失误、受到批评，总会尽快调整情绪，然后主动认错并积极弥补过失；他如果因表现出色而受到嘉奖，则只是淡然一笑，然后继续努力前行。在日常生活中，他从不为别人的一两句闲话而烦恼，不计较自己的付出是否得到等价的回报，也不要求事事都遂他的心意。

他的工作态度和生活理念给儿子树立了榜样，让儿子明白：人生在世，凡事不用斤斤计较。所以，上中学时，尽管成绩及各方面都很优异却没有得到"三好学生"的名额时，儿子也并没有伤心失落。

我们想成为豁达的父母，就要提升自己的格局，不为小事计较，也不为小利烦恼。我们可以通过读书、结交益友等方式提高自己的修养，让自己更加睿智，因为睿智的人大都心如汪洋般宽广。我们也要努力笑对生活，笑口常开可以让我们用积极的情绪和态度面对各种压力和困难，不惧失败、不畏艰难，拥有强大的内心。

我们在强大自我的同时，还要引导孩子正确面对失败，在心态方面进行提升和改变。

我的孙女每次考试结束后，我们都能从她的表情中看出成绩的好坏。倘若成绩理想，她就喜笑颜开、有说有笑，反之则愁眉苦脸、无精打采。

有一次，月考结束后，她一回家就皱着眉头，气鼓鼓地坐在沙发上。

我猜到了原因，对她说："胜败乃兵家常事，考场上的常胜将军太少了！"

在我的安慰下，她的情绪稍微好转，然后不断向我吐槽这次考试的情况:"数学题太难了,我们班连一个考满分的都没有!英语题目也超纲了!还有……"

我耐心地听着她抱怨着考试。等她说完之后,我说:"你认为自己考试失利,都是题目出得有问题吗?"

她想了想,然后摇摇头,答道:"其实也不是,有几道题是我自己马虎造成的。"

"很好,现在你已经能面对自己的问题,分析自己的不足了。接下来你就要想一想该怎么解决这个问题。"

她想了想,然后拿出试卷,开始分析、整理错题。大约过了一个多小时,她高兴地拿着卷子对我说:"奶奶,以后再遇到这种题,我肯定不会再错了!"

看着她又露出了笑容,我也很欣慰。

像我孙女这样遇事时情绪容易激动、起伏较大的孩子不在少数,他们往往有两个特征:一是内心脆弱,容易悲伤失落;二是考虑问题时常以自我为中心,思考问题的角度较窄,不全面。近几年,我们经常看到类似这样的报道:有个孩子在作文比赛中失利,结果一蹶不振,产生强烈的厌学情绪;有个孩子与他人发生矛盾之后,一气之下用利器伤害对方。要想杜绝这类悲剧的发生,我们除了让自己变得心胸豁达,给孩子树立好榜样之外，还要用心培养孩子豁达处事的心态。

　　让孩子学会正确面对失败是让孩子拥有豁达心态的有效方法。《孟子二章》中写道："故天将降大任于斯人也，必先苦其心志，劳其筋骨，饿其体肤，空乏其身，行拂乱其所为；所以动心忍性，曾益其所不能。"我们想让孩子变得豁达而强大，就不能娇惯孩子，而是要让孩子在生活和学习的挑战中学会正确面对失败，并积极挑战困难，做到拿得起放得下。

　　拥有宽广的心胸，孩子的内心就能装下整个世界，自然无畏成败和困难，无论身处何种境地都能笑对人生、勇往直前。

你有大格局,孩子的未来才会更精彩

什么是大格局?简单来讲,就是大度量、大视角和高境界。大度量,就是不计较生活中的琐事,能容人所不能容,忍人所不能忍;大视角,就是不拘泥于眼前的得失,看得宽广、看得长远;高境界,就是不被表面的现象迷惑,想得深邃、悟得透彻。父母的格局大,就不会将孩子禁锢在一个封闭的小世界里,而是会鼓励孩子积极追求更广阔的天地,自由、洒脱地生活,让其眼界和心态更加开阔。

历史上不乏大格局的父母，他们用自己的大度量、大视角和高境界养育孩子，让子孙后代有所成就，收获幸福。我们熟知的桐城张家的九世祖张英就是一位拥有大格局的贤人。

清朝康熙年间，张英在京城担任文华殿大学士、礼部尚书，在朝廷中很有威望。有一次，张英远在桐城的家人给他寄来了一封信，让他出面解决张家和邻居吴家的矛盾。原来，张家和吴家因为三尺宅基地吵闹不休，谁也不肯退让。张英看完信，立刻回信道："千里修书只为墙，让他三尺又何妨。万里长城今犹在，不见当年秦始皇。"张家人看了这封信后，茅塞顿开，主动将宅基地退让三尺。吴家人看张家人如此大度，自己也退让三尺。于是，张吴两家的围墙之外出现了宽约六尺的巷子，这就是桐城古城闻名于世的"六尺巷"。

张英的大格局不但成就了"六尺巷"这段佳话，还让张家人世世代代乐观大度、高洁致远。为了孩子的美好未来和开阔、通达的心态，我们也应该学习张英的大格局。

父母的格局和度量就是孩子的精神围墙。父母的度量大，孩子的成长空间就会变宽，更有利于提升孩子的胆量和探索精神。大度的父母容错度也会更高，不会因小事而随意批评、否定孩子。这种做法会让孩子更加勇敢、自由成长。

大格局者有大视角。我们要用发展的眼光看待孩子的成长，而不是拘泥于孩子眼前的成绩或不足。对于这一点，我的感触很深。在父母的影响下，我从来不以传统的"成绩论"看待学生，而是把他们每个人都看作前途不可限量的大人物，引导他们释放潜力，一步步成长为更好的自己。例如，班级中的那些所谓的"捣蛋大王"，我不会把他们当作"朽木"一般丢在一旁，而是根据他们重感情、讲义气的特点，选拔他们担任班干部，将他们的协调组织能力激发出来。这些孩子中有的不负众望，长大后成为企业家、地方官员等。

　　对于那些成绩平平的孩子，我从来不认为他们会一生平庸，而是坚信他们总有一天会一鸣惊人。有个女孩成绩平平，各方面都很普通，但我发现她喜欢朗读，只是在同学面前朗读时有些胆怯，不好意思，于是我就不断鼓励她多下功夫练习朗诵。多年后，有几个知情的同学告诉我，这个女孩成为某个电视节目的播音员。听了这个好消息，我突然想起孟子说的"舜发于畎亩之中，傅说举于版筑之间，胶鬲举于鱼盐之中，管夷吾举于士，孙叔敖举于海，百里奚举于市"这句话，更加确信每个孩子都有可能创造奇迹，创造独属于自己的未来。

　　对于儿子和孙女，我相信他们的人生有无限可能，所以在他们小时候就不断让他们增长见识、拓宽眼界。儿子上小学时，尽管家中并不宽裕，我依然为他订购大量书籍、杂志，由此点燃了他的科学梦。孙女很小的时候，我经常带着她参加各种社区、社会举办的学习活动，让她接触各行各业的人。有段时间，我的儿子去英国伦敦进修，我也带着孙女一起去了，目的就是要让她见识异国风情，观察中国留学生在当地的生活等。从那以后，孙女对这个世界更加充满热情和好奇。

父母的境界越高，孩子的发展空间就越大。以我们家为例，因为我的父母没有将我们兄弟姐妹视为私有财产，我们才得以自由发展自己的长处，各个事业有成。受父母的熏陶，我明白孩子不只属于父母，还属于国家、属于世界，我们用心栽培孩子，表面是为家庭、家族谋福，实际上是为国家、为世界谋福，所以我不会为了一己私利把孩子禁锢在自己身边。我把儿子当作国家的人才来培养，不要求他事事为自己、为家庭利益考虑，他便能够毫无负担地追求自己的梦想，实现自己的人生价值。

总之，父母有大格局，孩子才能乐观进取，即便身处泥淖也心系长空，能够做到"不以物喜，不以己悲，"从容地面对纷扰和烦恼，找到人生的意义，实现自我价值，成为人生的赢家。

赋予孩子被讨厌的勇气

奥地利心理学家阿德勒认为，生活是我们自己的，我们不需要满足别人的期待，别人也不需要满足我们的期待。可是，很多人从小就十分在意外界对自己的评价，被夸奖一句就得意扬扬，被批评一句则闷闷不乐。有些孩子甚至把外界的评价作为自我评价的唯一参考，经常患得患失。

孩子们为什么会如此在意外界的认同呢？其中一个重要原因是，他们从小深受赏罚教育的影响，渴望得到别人的认可。

可是,我们每个人都是不完美的,可能被一些人喜欢,也可能被另外一些人讨厌。我们想让孩子在社交中保持自信和快乐,就要引导孩子拥有强大的内心和被讨厌的勇气。

有这样一个故事。有一个男孩长得很胖,同学们经常取笑他,还给他起外号。他不想再被同学们嘲笑了,于是暗暗下定决心减肥。他减少饭量,增加运动量,经过半年多的努力,真的瘦了一大圈,父母都为他感到高兴,他也对自己的减肥成果很满意。可是,同学们虽然不再取笑他的身材,却又开始对他的长相品头论足。有的同学说他的眼睛太小了,有的同学说他的嘴唇太厚,还有的同学说他的鼻子太大……男孩每天生活在同学们的嘲笑之中,上学和交友的热情越来越低。

直到有一天,男孩突然对妈妈说:"我不想再去上学了!"

妈妈听到这话后吃了一惊,便和孩子长谈了一番。

得知事情的原委后,妈妈开导他说:"其实你爸爸小时候的经历和你现在的经历挺像的。他那个时候长得不好看,同学们都不怎么喜欢他,甚至有人讨厌他,可是他每天都乐呵呵的,完全没有受到影响。"

男孩不可思议地问:"真的吗?爸爸是怎么做到的?"

"他有两个绝招。一是他承认自己长得丑,所以当别人嘲笑他的长相时,他一点儿都不生气;二是他不在乎别人的看法,既不为别人夸奖自己而高兴,也不为别人讨厌自己而烦恼。"

"我可以承认自己长得丑,但是,我害怕别人讨厌我,我希望大家都能喜欢我。"男孩诚恳地说。

"其实,哪怕你长得非常帅气,各方面也非常优秀,也依然会有人讨厌你。"妈妈告诉他。

男孩仔细回想同学们之间的相处方式,好像真是那么回事儿:长相不佳的同学有时会被某些同学开玩笑;成绩不理想的同学有时会被成绩好的同学讨厌;说话过多的同学有时被寡言少语的同学指责……

他恍然大悟,心想:"既然几乎所有的同学都存在被别人讨厌的可能性,我又何必那么在意大家的看法呢?"想到这里,他转忧为喜。他逐渐变得能坦然面对所有同学,与大家交流时眼神不再躲闪,行为不再扭捏。令他想不到的是,同学们居然被他的坦然和自信感染,不再评论他的外貌了。

这个孩子的成长经历印证了当代日本哲学家岸见一郎的观点:当你不怕被别人讨厌时,你就已经得到了自由。我们普通人的很多烦恼都来自人际关系,只有不过度追求他人对我们的认同和喜爱,我们才能从人际交往中获得自由和自信。从这一点来看,被讨厌也不失为一件好事。

不过，并非所有的被讨厌都可以不在意，我们要引导孩子分析自己被讨厌的原因，摆脱被他人讨厌所带来的失落。倘若孩子是因为优秀而遭到别人的嫉妒，我们就要让孩子了解事情的真相，这样孩子才不会在意那些恶意的排挤和伤害。倘若孩子因为过于普通而遭到别人的忽视，我们就要多给孩子一些鼓励，让孩子知道自己也有优点，从而提升其自我认同感。倘若孩子因为做错事被别人讨厌，我们就要引导孩子认识到自己的错误并积极改正，以赢得他人的原谅和尊重。所以，赋予孩子被讨厌的勇气并不是鼓励孩子可以做错事或者不上进，而是<mark>要让孩子在接纳自我、改善自我的同时，辩证地去认识"被讨厌"，努力活出自己的精彩</mark>。

我很喜欢《寒山拾得忍耐歌》中的这段对话："寒山问拾得曰：'世间谤我、欺我、辱我、笑我、轻我、贱我、恶我、骗我、如何处治乎？'拾得云：'只是忍他、让他、由他、避他、耐他、敬他、不要理他、再待几年你且看他。'"一言以蔽之，生活是我们自己的，专注于提升自己，走好自己的路，无须过多在意他人的看法。

学会放手,让孩子在跌倒中成长

孩子就像树苗,我们在细心呵护、精心修剪的同时,也要让其充分接受阳光和风雨的洗礼,这样才能使其茁壮成长,开出绚丽的花朵,结出甘甜的果实。

就如中国近代思想家梁启超所说:"患难困苦,是磨炼人格之最高学校。"在孩子的成长过程中,随着受挫次数的增加,孩子抗击挫折的经验日渐丰富,其独立性、适应能力、抗压能力等都会增强,成年后自然能够心性成熟,独当一面。所以,父母要学会放手,为孩子创造独立成长的机会,同时也给予孩子适当的鼓励和帮助，让孩子拥有坚强的后盾。

对于儿子，我采取的就是"放手＋鼓励"的教育方式。

我的儿子从小成绩优异。就在我认为他一定会顺利考入理想的大学时，命运和我开了个小玩笑。

有一天，爱人突然对我说："儿子这两天心情不好，你赶紧问问是怎么回事。"

我的儿子是个寡言少语的孩子，每天回家后都很安静，所以我并没有注意到他的情绪变化。听了爱人的提醒，我认真观察了两天，发现孩子的情绪的确有些低落。我还没有来得及和孩子沟通，孩子就告诉我："妈妈，我不想上学了。"

当时，这句话就像一颗炸雷，瞬间把我震懵了。我强压着内心的不安，轻声询问原因，孩子一五一十地说出了事情的缘由。原来，儿子的体育成绩不达标，被几个同学嘲笑了。儿子从未遇到过这种事情，一时间接受不了，就想以逃避的方式解决问题。

我和爱人冷静地商量了对策，决定用温和的方式解决。我们特意请了一天假，带着儿子去齐齐哈尔市疯玩儿了一天。我们一起爬山、划船，让儿子知道身体素质的重要性。我们还带着儿子逛书店、买书。回到家后，我们并没有催促孩子做决定，而是给他充分的时间和宽松的环境进行考虑。经过一天的放松和思考，儿子改变了想法，决定回到学校，努力攻克体育这个难关。

我们都为他感到高兴，鼓励他勇往直前。为了提高自己的身体素质，他专门请体育老师帮忙制订了锻炼计划，在一年多的时间里，他每天跑步上学、放学，空闲时就以家里的门框为健身器材，坚持做引体向上锻炼臂力。在这期间，我们只是给孩子加油打气，从不插手孩子的事情。功夫不负有心人，儿子最终克服了体育这块儿短板，战胜了人生中的一大难关。我很庆幸当初自己选择放手，让孩子自己思考和解决这件事情，因为经此一事之后，儿子的内心变得强大了，从此再也没有逃避过任何难题。

儿子的这段经历也让我意识到，很多孩子之所以在遇到挫折后一蹶不振，并非他们天性懦弱，而是由于他们没有得到鼓励和支持。

放手虽然是提升孩子独立性的好方法，但是为了孩子的身心健康，我们放手的程度应该以孩子抗挫能力的强弱为基础。倘若孩子的抗挫能力较强，我们可以选择大胆放手，让孩子自己站起来；倘若孩子的抗挫能力一般，我们就要在一旁指点他、激励他，给予他重新站起来的勇气；倘若孩子的抗挫能力较差，我们就要伸出手助孩子一臂之力。父母放手得恰到好处，才能让孩子在变得坚强、独立的同时感受到家人的温暖和爱，从而变成一个内心强大而处世乐观的人。

其实，孩子的抗挫能力并非天生的，需要在后天的生活、学习中不断提升。"宝剑锋从磨砺出，梅花香自苦寒来"，想让孩子越来越坚强，我们在放手的同时还要适当为孩子制造一些"难题"，让孩子得到更多锻炼的机会。

我对孙女一直秉承着"挫折教育要趁早"的观念，在她上幼儿园时就开始锻炼她的抗挫能力了。比如，和孙女玩游戏时，我们全家人不会刻意让着她，即便她一输了就"哇哇"大哭着宣泄不满，我们也没有让步。她输的次数多了，内心也就渐渐强大起来，在与其他小朋友玩儿游戏时就不再耍赖，遇到挫折后也不再气馁。

生命就像奔流不息的江水，不遇着巨石、狂风，就无法激起壮阔的波浪。我们要边放手边鼓励、协助孩子，让孩子勇敢地挑战巨石和狂风，让自己的人生激起美丽的浪花。

第四章

用资优教养法
提升孩子的
人生"幸福指数"

孩子的天赋要尽早发掘

当了40多年教师之后,我深信美国19世纪思想家爱默生说过的那句话——"人生来就具有一定的天赋。"只是有的孩子在很小的时候就显露出异于常人的天赋,比如我们常说的"神童",而有些孩子的天赋长期处于沉睡状态,等待着被唤醒。后者虽然在年幼时显得平平无奇,但只要天赋得到发掘,未来也会一飞冲天。

傅聪先生能成为国际音乐舞台上的"钢琴诗人",关键在于他的父亲——著名的教育家和翻译家傅雷先生发掘了他的音乐天赋。

傅聪小时候十分好学，但没有突出的技能。为了让儿子有一技之长，傅雷先生便建议儿子学习书画。

有一天，傅雷外出回来时，发现儿子正侧耳倾听着留声机放出的音乐。只见他闭着眼睛，轻轻晃动着脑袋，手指还跟着乐曲打着时快时慢的节拍。尽管他希望儿子能在书画领域名声大噪，但理智告诉他：儿子也许在音乐方面更有天赋。

傅雷对儿子说："如果你喜欢音乐，可以学一学弹钢琴。"年幼的傅聪听了这话欣喜不已，立刻缠着父亲帮他请钢琴教师。从此，傅聪踏上了追求音乐梦的旅程，并最终成为国际音乐领域的一颗明星。

如果傅聪的音乐天赋没有被傅雷先生及时发掘，他就会把精力放在并不擅长的其他领域，虽然也许能通过勤奋取得一些成绩，但无法体验到音乐带来的幸福感。

可见，我们如果想尽早发掘孩子的天赋，就要先学会以配合的、欣赏的、理智的姿态观察孩子的各种言行和想法。比如，孩子喜欢看什么书和电视节目，孩子在哪些活动中有出色的表现，孩子对哪些事情表现出极大的兴趣，孩子在做哪些事情时会全神贯注，等等。在孩子的喜好和擅长的事情背后，很可能隐藏着他的天赋。父母在观察中发现了孩子的喜好或者擅长的事情时，则可以参考傅雷先生的做法，有针对性地对孩子进行培养，让孩子将主要精力放在自己喜欢或擅长的领域。

有的父母观察孩子一段时间后，失望地发现自己的孩子并没有任何天赋。其实，这些看起来没有天赋的孩子，只是缺乏适当的环境而已。比如，有的孩子具有游泳天赋，但他们从未去过游泳馆等地方，天赋当然难以得到展现。此外，有些孩子的天赋需要社会大环境的支持。比如在影视文化并不发达的时代，拥有表演天赋的孩子就难以施展才能。所以，我们要创造各种机会让孩子充分展示自己的天赋，体验到"天生我材必有用"的成就感。

虽然每个孩子都有天赋，但并不意味着每个孩子都是天才，都能成为某个领域的领军人物，父母们不能盲目给孩子施加压力。比如，虽然有的孩子具有绘画天赋，但他无法成为知名画家，却能凭借优于常人的绘画天赋在相关领域拥有一技之长，获得平凡而丰富多彩的生活。

天赋就像一个小火苗，只要我们发现了它，并引导孩子勤于添柴，它就会燃烧得越来越旺，释放出光芒，温暖孩子的一生。

你多关注优点,孩子才会自信满满

我发现一个值得父母们深思的现象:有的孩子明明十分优秀,但上课不敢回答问题,在集体活动时也表现得很消极,从不主动表现自己。是什么原因导致这些出色的孩子如此自卑呢?我经过调查和研究发现,这些孩子的父母都习惯盯着孩子的缺点看。

"中国式父母"表达爱的方式很内敛,教育孩子时也很严厉,他们喜欢通过批评、挑剔的方式激励孩子更上一层楼。这种方法对部分孩子的确很有效果,但也在一定程度上打击了孩子的自信心。

有这样一句俗语:"别因为落入一根牛毛,就把一锅奶油倒掉;别因为犯了一点儿错误,就把一生的事业扔掉。"教育孩子也是如此。其实,每个孩子都是一颗绚烂但带有些许斑点的宝石,如果我们多关注这颗宝石的美丽、晶莹、炫目,宝石也会在我们的呵护下变得越来越有光泽。反之,如果我们只关注宝石上的那些小斑点,甚至想尽办法要把这些斑点磨掉。那么随着斑点的消失,宝石也将不断变小,而且还会留下了深深的磨痕。作为父母,我们要改变看待孩子的角度,多关注孩子的优点,这样孩子才会更加阳光、自信、坚强。

以前,我的班上有一位很腼腆的孩子,成绩不算出众,但写得一手好字。每次看到他的作业本,我都会当着全班同学的面夸他的字"写得真好"。得到认可后,这个孩子练起字来更认真了,还开始自学软笔书法。随着书法水平的提升,这个孩子在各个方面都表现得越来越好:课上听讲专注,课下学习认真,性格也变得自信、开朗了。这个孩子长大后成了家乡一位小有名气的人物。

后来,我回家乡参加学生们组织的联谊会时,这个孩子还特意对我说:"齐老师,我太感谢您了!就因为您当初的夸奖,我才有信心突破自己,拥有现在的成就!"看,多关注优点对一个孩子的成长多么有益啊!

有的父母可能会说:"可是,我们家的孩子很糟糕,完全没有值得关注的优点!"法国著名文学家罗曼·罗兰在他的作品《母与子》中提及,每个人的灵魂深处都隐藏着属于自己的精华,而这精华就是他的优点。每个人都有闪光之处,只是我们缺乏发现它的眼睛罢了。

如果孩子没有一眼就能看到的闪光点,我们就要在日常生活的蛛丝马迹中寻找孩子的闪光之处,如字迹工整、声音洪亮、跑步速度快等。可是,有的父母认为这类优点"不起眼",根本不值一提。其实,优点没有高级和低级之分,孩子身上的任何一个优点都值得我们关注。

发现孩子的优点之后,我们还要适当地赞赏孩子。赞赏孩子的讲究在于:要描述事实,要及时称赞,用词要具体,最好加上适当的肢体语言。比如,我们走进孩子的房间后,发现孩子把屋子收拾得干净整洁,就应该在第一时间把自己的感受反馈给孩子,如"你的房间真干净啊!地板上没有垃圾,床单很平整,书也摆放得很整齐"。如果我们再慷慨地给孩子一个大大的拥抱，孩子就会非常开心，整理房间的主动性也会有所提高。

我们还可以用关注优点的方式帮助孩子改正缺点。发现孩子的缺点后，我们要先夸奖孩子的优点，打开孩子的心扉，营造轻松的亲子交流氛围，然后再温和地指出孩子的缺点，并和孩子一起想办法使其改正。这种对待缺点的方式不但不会破坏孩子的自信，还能增进亲子关系，让家庭更和睦美好。

苏联著名教育家苏霍姆林斯基认为，教师和父母多给孩子一点儿肯定，孩子就多一分自信和快乐，未来成功和幸福的概率有可能更大。

让兴趣成为孩子成长的臂助

许多国内外的教育家认为,一个孩子之所以出色,是因为他们对自己做的事情有强烈的兴趣,并且达到了入迷的程度。可见,兴趣是最好的老师,是一个人最强的成长动力。

历史上很多名人都凭借兴趣实现了人生的逆袭,如中国的数学家华罗庚。

华罗庚自小酷爱数学,但他初中毕业之后就被迫辍学,回家帮助父亲经营杂货铺。尽管离开了学校,但华罗庚从未放弃对数学的学习和研究，他一边料理杂货铺一边钻研数学。父母看他如此痴迷数学，只得松口让他追求自己的数学梦。离开杂货铺之后，华罗庚在一所中学担任教师，边教学边自学数学知识，后来在一家权威杂志上发表了一篇震惊数学界的学术论文，由此实现了人生的逆袭，成为一位伟大的数学家。

而国外的爱因斯坦、爱迪生、莫扎特等各个领域的名人的故事也都告诉我们，兴趣是成功和幸福的原动力。因此，父母们越来越重视孩子的兴趣培养。

但有些父母把兴趣培养当作一场跟风行动，将别人的兴趣强塞给孩子；有些父母则把自己的喜好转移到孩子身上，逼着孩子完成自己的梦想，硬生生地把兴趣变成了"无趣"。孩子的抗拒与父母的强加让亲子之间逐渐产生激烈的矛盾。我们家在培养孩子的兴趣方面也走过一些弯路，家庭成员之间还因此产生过矛盾。

我们家对孙女的兴趣培养是从钢琴开始的。孙女接触钢琴后，并没有表现出强烈的兴趣，枯燥的指法练习更是让她烦躁不已。每次我让她练琴时，她不是大发雷霆，就是哭哭啼啼。起初儿媳对孩子的期望很高，可是看着孩子边流泪边弹琴的样子，也只好选择放弃。

我们全家人都认为，让孩子学一门乐器很有必要，既然孩子不喜欢钢琴，那就换一种乐器。于是，孙女又在我们的建议下开始学习古筝。为了提高孩子的学习热情，我还特意买了一架古筝和孙女一起学。我以为有个人陪伴着、比赛着学，孩子就能坚持下来。事实证明，我想得太简单了。不过几个月的时间，孙女就又放弃了古筝。

到底该让孩子学点儿什么呢？我们全家都陷入迷茫之中。

后来，转机出现在孙女上小学之后。孙女所在的学校十分重视学生的兴趣培养，不但设立了许多兴趣课程，还聘请名师，花费巨资购买各种学习器材，并为孩子们提供舞台表演等机会。这一次，我们决定让孙女自己选择。她挑来挑去，认为京剧最有趣，就加入了学校的京剧兴趣班。孙女刚开始学习京剧就表现出浓厚的兴趣，经常向我们描述她的戏装的样子，还时不时地给我们唱几段京剧。

孙女对学校组织的京剧演出也很积极，尽管每次都要化很复杂的妆容，戴很重的头饰，穿很难驾驭的戏服，但她乐此不疲。后来，孙女还登上了北京电视台春晚的舞台与京剧大师们同台演出。更值得高兴的是，孙女学习京剧后变得更自信、更坚强了。可见，选对兴趣对孩子的成长大有裨益。

根据经验而谈，我认为帮孩子找对兴趣的最佳方式就是尊重孩子的选择。这个世界多姿多彩，孩子的兴趣自然各不相同，我们应该保持开阔的心胸，只要孩子的兴趣是积极的、有益身心的，我们就应该尊重他们的选择。

除了尊重孩子的选择之外，我们还要以宽容的态度对待孩子的兴趣转变。有的孩子兴趣广泛，在学习某种兴趣课程时，可能会改变方向，学习其他的兴趣课程，这是很正常的现象，我们应该理解。为了帮助孩子找到真正感兴趣的事情，我们可以引导孩子涉猎各个领域，并鼓励孩子从中挑选一个或者多个进行学习。

古希腊哲学家亚里士多德认为，自古以来，人们的诸多成就都源于对万事万物的好奇和兴趣。兴趣就像隐藏在孩子心灵深处的不灭的火花，一旦被点燃，就会绽放出持久绚烂的光彩，让孩子的未来异彩纷呈。

后天培养远比先天优势更重要

每个孩子都好比一块儿天然的玉石,而"玉不琢,不成器",无论这块儿玉石多么完美无瑕、光彩照人,如果没有工匠对其进行精心打磨、雕琢,它就无法成为更有价值的艺术品。我们想让孩子的人生更有价值、更美好,就要重视后天培养。

先天优势是孩子与生俱来的、没有经过练习就拥有的优势,但如果想让孩子一直将优势保持下去,就需要后天的耐心和持续培养。18世纪奥地利古典主义作曲家、"音乐神童"莫扎特的成长经历就是最好的例证。

莫扎特是音乐界的神童，4岁时能独自演奏完整的曲子，5岁时能独立作曲，6岁时开始在欧洲一些国家巡回演出，受到音乐泰斗们的称赞。莫扎特的成就在一定程度上要归功于他的父亲老莫扎特的培养。

有一次，老莫扎特看到年仅4岁的莫扎特在五线谱纸上写了一首很棒的曲子，意识到儿子具有非凡的音乐天赋，于是立刻制订了一个培养音乐天才的计划。

老莫扎特是一位小有名气的乐师，他以启蒙老师的身份开始教莫扎特弹钢琴、作曲。除了严格的音乐训练之外，他还会让莫扎特学习文学、历史以及欧洲各国的语言，为孩子未来的巡演做准备。在父亲的悉心培养下，莫扎特进步飞速，演奏技巧日臻完善。

莫扎特小有所成后，老莫扎特就把他介绍给很多音乐家，有些音乐家将自己的作曲技术、演绎技巧等倾囊相授，这对莫扎特的成功产生了重大影响。

先天优势让莫扎特的起点高于同龄人，父亲的后天培养又深度挖掘了他的潜能，让他的先天优势发挥出最大价值，这才成就了他在音乐领域不可取代的地位。

每个孩子都有先天优势，只是强弱不同，而且大多数孩子的先天优势都无法达到莫扎特这类神童的水平。不过，无论孩子的先天优势是强是弱，我们都可以借鉴老莫扎特的教育方法，针对孩子的优势进行重点培养。

以先天优势为基础的后天培养能让孩子强上加强，释放出巨大的能量。我们要先了解孩子的优势，然后针对这个优势为孩子打造一个"私人培养计划"。计划的内容包括巩固和强化孩子的优势，拓展孩子的相关技能，塑造孩子强大的内心和乐观的心态等。

我们要不断巩固和强化孩子的优势，最常用方法的就是让其深入学习和反复练习。比如，天生记忆力超群的孩子想进一步提高记忆水平，就要不断学习各种记忆方法，并反复练习记忆技巧。

除了强化先天优势，我们还要培养孩子其他方面的能力，如社交技能、生活技能、学习技能等。俗话说，"技多不压身"。很多已经很优秀的人依然在努力提升自己的能力，因为自身拥有的实打实的能力才是真正的金饭碗，不会生锈也不会破碎。

每个孩子在成长的过程中都会遇到各种困难和阻碍，我们除了锻炼孩子应对各种困难的能力之外，还要培养其强大的内心和乐观的心态。因为无论孩子的能力多么强大，都有可能面对失败，只有内心强大、心态乐观，孩子才能从失败中成长起来，快乐生活、积极进取。

做好上述这几方面，我们不但能让孩子的先天优势得到更好的发挥，还可以提升孩子的综合实力，让孩子未来在工作和生活中充满自信。

19世纪德国著名哲学家卡尔·威特认为，无论资质多么平庸的孩子，只要父母培养得法，假以时日，也能有所成就。简而言之，即便是一块儿普通的木头，只要经过手工艺人的精雕细琢，也是成为精美的工艺品。

家庭教育中,"扬长"要优先于"补短"

很多父母认为,孩子若想成才,就要努力补短,使其成为一个更全面发展的人。但是纵观许多孩子的成长轨迹,我发现扬长比补短更容易让孩子成才。就像 20 世纪著名数学家陈景润,大家之所以尊重他,并非他是精通一切的全能型人才,而是他在数学领域有突出的成就。这也就意味着,孩子只要充分发挥长处,就可以绽放属于自己的精彩。

补短可以缩小孩子之间的差距,扬长则能让孩子活出自己的精彩。扬长以关注孩子的优势为主,这种教育方式可以提升孩子的成就感，培养孩子的自信心，激发孩子的学习积极性。所以，家庭教育应该以扬长为主。

我认为我的儿子能够在自己擅长的领域做出一些成绩就与我们夫妇采取的扬长教育有关。

我的儿子小时候不善运动、不善言辞，没有那些活泼好动的孩子招人喜欢，但我们夫妇没有强迫他弥补这些不足，而是尽力培养他的长处。他擅长学习、钻研，我们就给他买各种领域的书籍看，鼓励他做实验、搞发明。

凭借这个特长，我的儿子进入学校的科技小组。这个兴趣小组是我们县实验小学的一块儿招牌，吸引了一些媒体的目光。有一次，《黑龙江教育》杂志的记者到学校采访，专门为科技小组作了特别报道，我儿子组装汽车的照片还登上了杂志，在学校引起了不小的轰动。

我的儿子上小学时，计算机还没有普及，但他会找机会花费大量时间钻研计算机的操作技巧。我不仅从不阻止他，而且，为了让他的这个长处得到更好的发挥，还创造各种机会让他更多地接触计算机。

有一年，齐齐哈尔市举办少年计算机大赛，我的儿子和几个学生代表县实验小学去参加比赛。与众多参赛的孩子相比，我们的孩子并没有太大优势，因为来自齐齐哈尔市的孩子们大都有自己的计算机，操作技术可能更娴熟。就在我们不对比赛结果抱任何希望时，这场大赛的举办方打来电话，告诉我们一个激动人心的好消息：我的儿子在两个比赛项目中都得了满分，获得了这次比赛的冠军。

我的儿子成年后选择的也是自己擅长的工作，并且小有成就。可见，扬长教育对部分孩子的成长、成才很有帮助。

扬长教育的好处有很多，但实践起来并不简单。首先，我们要降低自己对孩子短板的关注度，而把注意力转移到孩子的长处上。其次，我们要从孩子的长处中筛选出最值得培养的一项或者几项，并针对孩子的长处制定科学的培养计划，争取让孩子的长处得到最好的发挥。最后，我们还要摆正心态，静等孩子慢慢成长，绽放异彩。

我国现代著名学者周国平先生在《用好自己的性格》一文中写道："一个人不应该致力于改变自己的性格，最好的办法是扬长避短，把长处发扬到极致，短处就不足为虑了。"他的这个观念与扬长教育是相通的。只要孩子在我们的培养之下充分发挥长处并在某一领域有所成就，那么一些短处给孩子造成的不利影响就会有所降低。

不过，为了孩子的美好未来，我们在扬长的基础上也可以适当帮助孩子补短，避免有些短处影响孩子长处的发挥。比如，孩子擅长跳舞，但性格腼腆、缺乏自信，不敢登台表演。为了让孩子在舞台上展现自己的魅力，我们就要想办法帮助孩子克服性格和心理上的不足。

趁早和孩子谈谈钱

《史记》中有语:"'故曰:天下熙熙,皆为利来;天下攘攘,皆为利往。'夫千乘之王,万家之侯,百室之君,尚犹患贫,而况匹夫编户之民乎!"意思是,对钱财的渴望是大多数人的基本欲望,我们应当既要追求财富,又要居安思危,学会管理和使用钱财,让自己的生活富足而美好。

钱财与我们的生活息息相关,能否正确认识钱财和人生的关系,会直接影响我们一生的幸福。所以,我们要尽早对孩子进行财商教育,让孩子正确认识、管理和使用钱财。

这里还要讲一段小故事。我的儿子出生于 1975 年，在他出生后，我就暗下决心：一定要培养儿子考上大学。但同时我又在想：如果儿子将来真考上大学，我却没钱交学费怎么办？于是，我每个月都从微薄的工资里拿出 5 元钱或 10 元钱存入银行（当年的工资普遍较低），一直存到他上大学前，从未间断。直到在他上大学的前几天我才把这笔钱取出来，开开心心地把它用于儿子上大学第一年的学费。所以，我觉得每个家庭、每位父母都应该对钱财有所规划，并做到量入为出。

我们夫妇在儿子很小的时候就通过合理消费让孩子认识到钱的重要性。

我们家是普通的工薪阶层，为了节省开销，我们夫妇平时花钱都有记账的习惯。为了让儿子懂得节约，我们几乎每次买东西都会带着他，如果他缺席了某次购物经历，我们就把账本拿给他看，让他知道家里的钱花在了什么地方。渐渐地，他知道了各种生活用品的价格，也明白了"不当家不知柴米贵"的道理，从不随意伸手向我们要钱买零食、玩具，也不会浪费食物和文具。

儿子成年后也很会管理钱财。他知道"需要"和"想要"的区别，没用的东西几乎不买，不会为了面子花高价买奢侈品，也不会贪便宜买无用的打折商品，堪称消费者中的"理智派"。

每次听到一些年轻人因为冲动消费而陷入无休止的借贷生活时,我都为儿子感到骄傲。

和我同龄的一些父母,他们年轻时不主动和孩子谈钱,也不希望孩子为钱的事情操心,这种做法无法让孩子形成健康的财富观,而财富观是财商教育的第一步。对于财商教育,我们可以借鉴他人的一些做法。

犹太父母经常向孩子传递先赚钱后享受的观念,因此犹太孩子从小就对赚钱充满热情。法国父母很重视家庭理财,而且鼓励孩子加入家庭理财活动,让孩子在花钱和储蓄的过程中学做钱的主人。在很多美国家庭中,孩子可以通过做家务赚取零花钱,也可以自己做小生意赚钱。孩子从小就和钱打交道,久而久之,就形成了健康的财富观和较高的财商。

我们要尽早、大方地和孩子谈一谈钱的重要性。很多孩子都知道钱是父母工作挣来的,但他们不清楚父母是如何挣到每一分钱的。我们可以和孩子讲一讲自己的工作内容和薪酬,让孩子了解家中每一分钱的来历,对钱有更具体的认知。我们还可以向孩子介绍各种职业的大致薪酬,让孩子了解各行各业的收入情况,知道每一种劳动的薪资回报都是不同的,并引导孩子知道哪些钱财可以取,哪些钱财不能拿。就像孔子说的:"富与贵,是人之所欲也,不以其道得之,不处也。贫与贱,是人之所恶也，不以其道得之，不去也。"意思是，君子爱财，要取之有道。

孩子管理钱财的能力大多不是天生的，而是从小在日常生活中不断练习养成的。所以，我们平时要教孩子如何管理钱财和消费。

有钱才有可能会管钱，因此我们要定期、适当地给孩子一些零花钱。我们可以将自己的理财方法传授给孩子，比如：花一半存一半，按目标存钱，有计划地花钱，等等。我们也可以让孩子参与家庭钱财的分配，学习父母分配钱财的技巧。久而久之，孩子就能懂得合理分配零花钱了。

有的孩子虽然懂得分配储蓄和消费，但花起钱来毫无算计，买了很多不实用的东西。我们要让孩子明白，消费不能过于随意，要有目的、有计划，把钱花在刀刃儿上。我们购物时可以带着孩子，让孩子在实践中学习货比三家，学会砍价、挑选打折商品等技巧，久而久之，孩子就能花更合理的钱买到更有用的物品了。

我们还要让孩子理解：钱财虽然像空气一样必不可少，但也并非无所不能。它买不到血浓于水的亲情，买不到纯洁无瑕的友谊，也买不到高尚而有趣的灵魂，它只是帮助我们快乐生活的工具。只有明白这个道理，孩子才能成为钱财的主人，并利用钱财获得幸福生活。

第五章

你的正能量是
给孩子最好的
幸福人生的礼物

告诉孩子，"我"真的很重要

老子说："自知者明，自胜者强。"他的意思是，一个人只有充分认识自我并不断战胜自我才能变得聪慧而强大。什么是"我"呢？曾经的、当下的以及未来的"我"的集合，就形成了我们每个人的人生。

我一直很关注"我"，而且清楚知道曾经的、当下的以及未来的我是什么样子。我的人生轨迹十分清晰，除了单纯的求学时代和艰苦的下乡时期，我人生的大部分时间都在教书育人。

想起过去，我的内心感到充盈而快乐；对于现在，我一直活得清醒而坚定；至于未来，我也只有一个目标：好好生活。我很庆幸这一生能过得如此充实而幸福。

这些年来，我在关注和认识"我"的同时，也经常引导儿子认真思考"我"的意义，所以他才会义无反顾地投入到生活和自己热爱的事业之中。不过，我的孙女对"我"的概念还很模糊，在她看来，抽象的"我"和漫长的人生不是一个十来岁的孩子应该考虑的事情。其实，任何年龄段的人都应该充分认识"我"，处于青春期的孩子更要不断地思考人生，想一想自己是谁，要做什么，要过怎样的人生？这样才能逐渐体会"我"的重要性，探寻人生的意义。

我在日常生活中经常引导我的孙女思考"我"的意义。

有一次，孙女看书的时候问了我一个问题："奶奶，大人为什么动不动就谈'人生'啊？"

"也许是他们觉得生活很空虚吧。"我告诉她。

"那怎么样才能不空虚呢？"她又问。

"如果他们不懒惰，努力工作，从当下的生活中获得满足感，可能就不空虚了。"

"空虚是什么感觉？"

"空虚啊,就是不知道自己谁,也不知道自己现在要做什么,更不知道自己以后要做什么。"

"那我肯定不空虚!我知道自己是谁,我还知道自己现在要上初中,以后要上高中,上大学。"

我听后笑了,问她:"上完大学呢?你知道自己要做什么吗?"

"我想当科学家,或者当老师。"她认真地说。

"这很不错了,你是有目标的。不过,你真的知道自己是谁吗?"我又问她。

"知道呀,我就是我啊。"她觉得我的问题很无聊。

"你是你,也不只是你。你是你,所以要对自己负责,过好每一分钟、每一天、每一年,这样才能对得起自己。你又不只是你自己,你还是我的孙女,是你爸爸妈妈的女儿,是这个社会的一员。你生活幸福,我们全家人就会高兴。许许多多和你一样的孩子们生活快乐,他们的家人就会高兴。"我尽量用朴素的语言向她解释"我"的概念。

她听了我的话后思忖片刻,一边点头一边说:"我知道了,我很重要,要好好生活。"

每个人的人生都很重要。虽然很多人都过着相似的生活,有着相似的人生发展路线，但大家的人生意义不同，有着各自的收获和追求。我们应该根据自己的人生经验，帮助孩子正确认识"我"，争取让他们的人生过得充实、精彩、幸福。

我们可以将家族故事与孩子经历的事情结合起来，让孩子充分了解家族特色以及过去的"我"，从而对自己的身份产生较强的认同感。比如，我们可以和孩子一起翻看相册，并根据照片中的内容向孩子讲述家族成员以及祖辈们的精彩事迹、孩子的成长故事等，让孩子感受到家族的荣耀、父母的爱以及自己对于家庭的重要性，从而产生强烈的家族归属感和自我认同感。

自我认同是孩子正确认识人生的第一步。接下来，我们就要引导孩子对曾经和当下的自己进行评价和反省，从内心深处了解自我。曾子为了保持清醒的自我认知，坚持"吾日三省吾身"，我们可以向先贤学习，全家人一起，定期进行"自我反省"。大家可以就曾经或者当下发生的一些事情进行自我反省，对自己的优缺点、性格、心理状况、生活态度等进行全面、辩证地剖析，充分了解自我。

了解曾经和当下的"我"之后，我们还可以和孩子一起畅想和计划未来，认识未来的"我"。未来虽然离孩子比较遥远，也存在较多变数，但我们依然要让孩子对未来有所期待和规划。

比如，我们要引导孩子根据自己的喜好树立一个人生目标，并根据目标制定人生规划，让孩子在这个过程中看到自己的人生价值，并为之付出努力。

孩子认识"我"的过程就像万物被春天唤醒。在春风的吹拂和春日的照耀下，孩子的自我意识和人生观渐渐冒出稚嫩的枝芽，并可能在我们的影响和指导下生长，一直长成自己期待的样子。

看过了世界,孩子才会有"世界观"

一个人对世界的根本看法就是我们常说的世界观。因为人们的知识储备、经历、见识等不同,所以世界观也存在一些差异:有的全面,有的片面;有的积极,有的消极;有的深入,有的浅显;有的先进,有的落后……倘若孩子拥有全面、积极、深入、先进的世界观,就能正确看待世界、看待生活,更易成为一个豁达、智慧而幸福的人。

明朝书画家董其昌曾说:"读万卷书,行万里路,胸中脱去尘浊，自然丘壑内营，立成鄄鄂。"这句话里就藏着看世界的方法：读万卷书，行万里路。读书和旅行都能帮助孩子看世界，形成良好的世界观。

如果条件允许，父母可以创造机会带孩子去各地旅游，见识一下日常生活以外的世界。

有一次，一位母亲问孩子："你觉得我们的世界是什么样子的？"

"我们的世界啊，到处都是高楼和马路，车像流水一样连绵不绝，所有的人都很忙。而且整个世界都是绿油油的，冬天也不像书中、电视里讲的那么寒冷。"孩子边想边认真地说。

"你说的对，但是，这个世界远比你看到的更丰富多彩。"这位母亲意识到，需要带孩子去看看这个世界了。

他们全家人计划每年出游两次，寒假一次，暑假一次。这年冬天，他们的第一站就是冰雪之城哈尔滨。

这家人刚到哈尔滨就赶上了一场大雪。

看着漫天飞舞的白色雪片，孩子兴奋得又蹦又跳，还在雪地里打滚，引得周围的小朋友都来看热闹。北方的孩子早就见惯了四季变化，他们无法理解一位南方孩子面对千里冰封、万里雪飘的冰雪世界时内心的惊奇和欣喜。

见识了哈尔滨的冰天雪地之后,这个孩子对北极的冰雪世界十分好奇。他查阅了许多图书,看了很多纪录片,知道了北极地区的因纽特人居然住在冰屋里,还知道了进入北极圈后,晚上抬头就能看到夜空中的绚丽极光……了解得越多,他对这个世界就越好奇,更渴望到各个地方去看一看。

走过几十个城市、见过各地的人之后,这个孩子的心态发生了变化。他不再纠结生活中的小烦恼,待人更宽容,对事更大度,而且更加重视学习了。

可见,一个走过东西南北、看过千山万水的孩子,对这个世界的认知就不会只是局限于社区、学校、游乐场,而是会放眼中国、地球,甚至宇宙。看过世界的孩子知道天外还有天,山外还有山,从而产生强烈的探索世界的好奇心,对未来充满期待。带孩子走出家门认识外面的世界时,我们不仅要让孩子看到各个城市、各个地区的外在差异,还要帮助他们了解这些地方的内在不同,让孩子由外而内、更深入地了解世界,形成全面而深入的世界观。

即便不出家门,我们也能带孩子通过书籍、影视作品、网络、博物馆等渠道了解世界。不但可以了解世界各个地方的地形地貌、风土人情、气候、动植物等,还可以了解人类几千年的灿烂文化，了解人类积极向上的拼搏精神。用这种方式看世界，不但可以丰富孩子的精神世界，还能让孩子形成良好的、全面的世界观。

　　孩子走过的路、看过的书只是经历，孩子在这些经历中懂得何为美丑、善恶、真伪、高低、贵贱，才会形成正确的世界观。所以，带孩子看世界不能走马观花，而是要让孩子学会与世界交友，深入了解世界、喜爱世界。

小善也是善，小恶也是恶

善是一切美好品德的源头，恶是各种丑行的开端。而教育就是指引孩子辨别善与恶，崇尚和追求善行，摒弃和拒绝恶行。

曾经有媒体报道过这样一件事。有个孩子去德国留学，为了节省花销，坐公交车时经常逃票。他以为这件事神不知鬼不觉，谁知德国的公交系统早就把他的"恶行"记录下来了。等到他大学毕业找工作时，多家公司都因为他曾经逃过票而拒绝聘用他。

所以，我们要尽快帮助孩子树立正确的善恶观，让孩子拥有正确的是非观。

在孙女很小的时候，我带她去小区附近的公园玩，看着几个小朋友在草地上追逐嬉戏，孙女也想去。我指着不远处的警示牌，说："你看，那块儿牌子上写着'请勿践踏草坪'，我们不能去草地上玩儿。"

"可是，他们都在草地上玩儿呢！"孙女不服气地说。

"虽然我们管不了别人，但是要管住自己，必须遵守规则。"我态度坚决地说。

孙女听了这话，又看到我严肃的表情，只得心不甘情不愿地站在原地看别人在草地上玩儿。

不一会儿，公园的管理人员过来了，大声冲在草地上嬉闹的孩子们说："快出来，不能踩草坪！"

那群孩子前一秒还嘻嘻哈哈的，后一秒就红着脸讪讪地离开了草坪。

孙女看到这一幕，心理总算平衡了：原来谁都不可以在这片草坪上玩儿。这时，管理员向我们走了过来，笑着对我说："还是您明事理，知道拦着孩子。"然后又俯下身对孙女说："小姑娘，你比那些大哥哥大姐姐都懂事，这些小草会感谢你脚下留情的!"

孙女听了顿时眉开眼笑,原来做这么一件正确的小事就能得到夸奖。自那之后,凡是碰到不允许踩踏的草坪,她都不会踩踏。

小善也要施行,小恶也要杜绝,这就是我传达给孩子的善恶观。

想培养孩子的善恶观,我们要和孩子一起了解评判善恶的标准。在我们生活的社会,善恶是以道德和法律评判的,符合标准的行为就是善行,违背标准的行为就是恶行。学校、国家、社会、传统文化设立的标准并非摆设,每一款每一条都在告诉人们什么是善、什么是恶,哪些事情可以做、必须做,而哪些事情不可行。我们应该和孩子一起学习这些标准规范,帮助孩子塑造正确的善恶观。

善包括哪些内容呢?古代著名的劝善书《了凡四训》中讲述了值得推崇的善行:与人为善,爱敬存心,成人之美,劝人为善,救人危急,兴建大利,舍财作福,护持正法,敬重师长,爱惜物命。总而言之,善就是鼓励人们做好事。不过,无论是孩子还是成年人,行善时都要考虑自己的实力。量力而为的善行既能帮助他人，也会让自己收获快乐。

　　与善相对的是恶，善是做好事，恶就是做坏事。恶也有大小之分。小恶就是人们犯的小过失，一般只损害个人的利益，对集体、社会的影响较小。从程度上来看，虽然小恶造成的不良影响弱于大恶，但从对他人造成的伤害来看，小恶和大恶就没有明显的区别了。就像水滴石穿，虽然一滴水对石头的伤害非常小，但倘若水滴长年累月地滴落下来，也能将石头穿透。所以，古人才常常告诫后人，"勿以恶小而为之"。世界上有人行善就有人作恶，我们在教导孩子不作恶的基础之上，还要教会孩子如何远离恶人，保护自己。施善行、不作恶，趋善避恶，这才是正确的善恶观。

　　生活是一本内容丰富的书，而分辨善恶是其中非常重要的章节，只有读懂、读通这些章节，孩子才能准确辨别善恶不同的众生相，活得通透而幸福。

鼓励孩子做一个勇敢、执着的"追梦人"

古希腊哲学家苏格拉底认为,世界上最幸福的事,就是为梦想而奋斗。的确,纵观古今中外,那些勇于实现梦想的人都拥有积极乐观的奋斗历程。

看过无数追梦人的故事后,我对梦想的理解是,它是我们一想到就会热血沸腾的东西,它也许给不了我们无穷的财富和至高的荣誉,但会让我们产生义无反顾的勇气和积极乐观的心态。很多名人、伟人都是凭借非凡的勇气和执着的精神实现了人生的梦想，创造了生命的奇迹。我们要鼓励孩子树立梦想，让梦想为他们指引奋斗的方向，让他们的奋斗之路充满激情。

我的父母都是教师，他们热爱学习，一直希望继续深造，可是当时的社会环境和家庭情况不允许，他们只得放弃这个梦想。不过，他们并没有因此变得失落沮丧，反而不断鼓励我们兄妹几人追求自己的人生目标。他们努力工作、勤俭持家，争取为我们兄妹力所能及地提供最好的学习条件，为我们的追梦行动添柴加火。在父母的影响下，我们兄妹几人都基本上实现了自己的人生目标。

我也秉承了父母的教育理念，鼓励儿子努力追梦，因此他从小就树立了梦想。

我儿子在上小学的时候，无意中在报纸上读到了清华大学的新闻，知道清华大学是中国顶尖的学府，于是很认真地把文字旁边的清华大学的图片剪了下来，贴在墙上。他指着墙上的图片信誓旦旦地对我说："妈妈，以后我要上清华。"

我笑着鼓励他说："好呀，那你好好努力吧。"

儿子为了实现梦想，一头扎进自己喜好的理科，奋力战胜了体育这一短板，终于如愿考入清华大学。

"清华梦"是他儿时的梦想，考入清华后他又有了新的梦想——成为科学家。很多孩子以为考入大学就可以放松了，其实大学是孩子步入人生新阶段的另外一个起点。儿子进入大学后更加忙碌，全身心投入学习，一点一点向科学家的梦想靠近，学业和事业都蒸蒸日上。

　　回顾儿子追梦的过程，我感触颇深。我们要想让孩子拥有顽强的拼搏精神和积极的上进心，就要帮助孩子树立梦想。所谓梦想，即孩子自己选择的人生目标，而非父母强加给孩子的目标。为了让孩子的梦想更有针对性和可实现性，我们要引导孩子发现自己的特长和优势，并据此树立适合自己的梦想。梦想无大小，无论孩子是想成为科学家、画家、歌唱家、企业家，还是想成为老师、医生、记者、工匠，我们都要尊重孩子的想法。此外，我们还要指引孩子以正确的方式追梦。比如，帮助孩子制定合理的计划，督促孩子按计划一步步执行行动，提醒孩子不要轻易改变奋斗的方向，等等。

　　追梦是一个漫长而辛苦的过程，我们不能让孩子独自奋斗。当孩子懈怠时，我们要用自己或者名人追梦的事例激励孩子，再次激起孩子对梦想的热切追求。我们还要陪伴在孩子身边，时常督促、鼓励孩子，为孩子加油打气。当孩子遇到挫折时，我们除了安慰和鼓励孩子之外，还要给予孩子适当的帮助，做孩子坚强的后盾，让孩子拥有勇往直前的勇气。此外，我们可以建议孩子寻找一位或者几位志同道合的朋友一起追梦，这样孩子就不会觉得孤单，内心会充满力量。我们也可以为孩子选择良师，让孩子追梦的途中多几个引路人，从而提高孩子追梦的成功率。

每个追梦的孩子都是一株茁壮成长的向日葵，无论经过多少风雨，都会努力汲取阳光的能量，只为有朝一日实现梦想——绽放最艳丽的容颜，结出最饱满的果实。

第六章

你精进不已,孩子
更愿追求知识带来
的美好和愉悦

你乐享学习，孩子就会对知识感兴趣

东汉著名思想家王充在其著作《论衡》中提及："人有知学，则有力矣。"意思是说，知识就是强大的力量，能让我们变得更优秀。想让孩子成为人中翘楚，我们就要引导孩子对知识产生浓厚的兴趣。

我儿子的学习经历让我意识到：父母乐享学习是孩子热爱知识的原动力。

我儿子从小就喜欢捧着书看。很多人说："齐老师真是好福气，有这么一个天生就好学的孩子。"我却认为，儿子好学不完全是天生的,而是因为受到了我爱人的熏陶。

我爱人工作忙碌,对孩子的成长参与度不高,可是他好学这一特点让孩子受益匪浅。我爱人的好学几乎到了废寝忘食的程度,只要手里有一本书、一张报,他就会把周围的一切抛到九霄云外,即便饭菜摆上桌了都不抬头看一眼。

有一天晚上,他坐在书桌前看报纸入了神,我提醒他早点儿休息,可是他完全没听见。我不忍心打扰他,只得和儿子先睡了。他看完报纸后本想和我们讨论一则新闻,可是抬起头来才发现已经是午夜,我和儿子早已睡着了。

只要是和学习有关的事情,我爱人就容不得半点儿马虎。有一年,他参加函授进修,学习非常刻苦。当时全国都在限电,很多单位到晚上九点钟左右就停电了,函授学校也是如此。学校停电后,大部分人都乐得赶紧洗漱睡觉,他却打着手电筒继续看书。凭着这股爱学习的勤奋劲儿,他最终以优异的成绩拿到毕业证。

我的爱人话很少,从不长篇大论地对孩子说教,但他用行动给孩子树立了榜样。我认为,孩子们天生就爱学习,只要父母能够提供一个充满学习氛围的环境,他们就会努力感悟知识带来的美好和愉悦。

父母多看书,不但能长见识、增智慧,还能修身心、育儿孙。

作家杨绛的母亲虽然只是一位相夫教子的家庭主妇，但她喜欢读书，每天操持完家务之后总会捧着书读得津津有味。杨绛见母亲如此痴迷于书中的世界，也照模照样地拿着书看，渐渐入了迷，从此一发不可收拾。可见，父母喜欢读书，孩子也会慢慢爱读书、爱学习。

有的父母可能看书不多，但他们积极学习各种新技能，给孩子的心田种下"学习很重要"的种子。比如一位川菜厨师，他除了不断提升自己的炒菜水平，还主动学习面点制作、营销、酒店经营等方面的知识，不断充实自己。有如此积极进取的父母做榜样，孩子除了认真学习课堂知识外，还会主动涉猎其他领域的知识。

有的父母对世界始终保持着一颗好奇心，他们认为，生活远比自己想象的要丰富得多。在好奇心的推动下，他们总能发现各种新鲜、有趣的事物，也敢于接受各种挑战，活得兴味盎然。孩子受到父母的感染，也会对生活充满好奇，还会产生汲取知识的热情和动力。

阳光照亮我们赖以生存的世界，而知识则能照亮孩子精彩的人生。我们要让孩子永远保持追求知识的热情，他们的人生就会像钻石一般灿烂夺目。

别干预,孩子想学什么都可以

孔子曰:"知之者不如好之者,好之者不如乐之者。"意思是,以学习为乐才能学得更好。在我看来,孔子的这一观点其实是在告诫父母,不要过多干涉孩子在学习方面的自主选择权。因为孩子只有选择了自己想学的知识,才会以学习为乐,更有利于他的成长和成才。

有些父母会抱着"为孩子好"的想法替孩子选择学习方向和内容。可是,对于学习而言,我认为"兴趣是最好的老师",

孩子对于自己喜欢的内容，学习的积极性和效率才会更高。

有个孩子偏好文科，上高二时本想选择文科班，可是父母跟风推崇"学好数理化，走遍天下都不怕"的理念，建议孩子学习理科。

这个孩子不服气，收集了大量优秀文科学生事业有成的事例，用事实向父母证明"学文科也有好未来"。在孩子的据理力争下，父母终于松口，决定尊重孩子的选择。

这个孩子成功进入文科班，学习兴趣浓厚，学习态度积极，除了认真学习课堂知识、积极完成作业之外，还会抽时间拓展自己的知识面，每天过得忙碌而充实。看着孩子努力学习的样子，父母十分感慨，心想："幸好当初我们没有强迫他选择理科。"最终，这个孩子以优异的成绩考入理想的大学，深入学习自己喜欢的专业，感受着学习带来的快乐。

倘若这个孩子当初没有坚持自己的选择，而是被迫接受父母的安排，学习起来也许不会如此积极而快乐。有的父母习惯于根据自己的经验，以"有用或无用"为标准将知识分为三六九等，并认为"高等"知识、"有用"的知识才值得孩子花时间学习，而"低级"知识、"无用"的知识不配占有孩子的时间。这是父母们对知识的误解，更是对孩子的误导。知识就像洒向大地的每一缕阳光，它们原本没有优劣之分，只是不同的时代、不同的环境、不同的人对它们的需求不同，这才造成了某些知识无用的假象。孩子无论喜欢学习哪一类知识，都是合情合理的，我们不但不应干预，还应该给予积极支持。

在2021年初上映的纪录片《小小少年》中，一位名叫殷然的男孩从小就非常喜欢昆虫，每天都会花很多时间和自己养的小昆虫们玩耍。虽然殷然正处于小升初的关键时期，可是他并没有减少和昆虫玩耍的时间，他的父母对此表示尊重和支持，甚至专门为殷然开辟了一小块儿"百草园"养昆虫。

很多人质疑殷然父母的做法，认为研究昆虫对孩子的未来没有太大帮助。殷然的父母却认为"这是孩子自己的选择，我们没有权利阻止"。每次看到孩子专注地研究昆虫，和昆虫们玩得不亦乐乎时，他们也十分开心。

在父母的支持下，殷然小小年纪就成为"昆虫小专家"，连科学老师都经常请他给同学们讲授昆虫知识。当父母认可并支持孩子的选择时，孩子的兴趣就会持续得更加长久，内心也更充实、更快乐。

其实，很多父母都认可孩子有自主选择学习内容的权利，他们之所以从中阻挠，只是担心孩子只对某一学科的知识特别着迷，出现严重的偏科现象。对此，父母们不要过于焦虑，而应冷静地引导孩子慢慢拓展学习范围。知识并非孤立存在的，它们就像蜘蛛网上的丝线，相互之间有着千丝万缕的关系。孩子在学习某方面的知识时，也会逐渐掌握相邻的其他方面的知识。比如，有的孩子喜欢生物，那么在他钻研生物知识时，父母可以引导他发现生物知识与化学、物理、数学、地理等各科知识的联系，让孩子对生物的学习热情像火焰一样蔓延至这些学科，从而改善偏科的情况。

孩子就像夜空中的星星，他们不一定是浩瀚星海中最闪耀的一颗，但肯定是独一无二的。保护孩子自主选择学习内容的权利，就是在保护孩子独一无二的特性，助他在人生的旅途中绽放独属于自己的光芒。

亲子终身学习，共同遇见更好的自己

《师旷劝学》中写道，"少而好学，如日出之阳；壮而好学，如日中之光；老而好学，如炳烛之明。"意思是，孩子好好学习，就像朝阳般生机勃勃；年轻人好好学习，就如正午的太阳般绚烂耀眼；老人好好学习，就如烛光般熠熠生辉。所以，任何年龄段的人都要学习，任何人都应该保持终身学习。

可是，有的父母告别校园后就停止了学习，出现了"认知留级"的现象，而孩子在学习的过程中不断接收各种新知识和新信息，这样，两代人之间的共同话题很少，父母的很多观念和做法也难以使孩子信服，沟通就容易出现障碍。

所以，在一个家庭中，亲子之间应该互相勉励、一起学习，这样才能共同进步，成就更好的自己。

我们全家人都热爱学习，践行了"活到老学到老"这句老话。我的父母退休后依然坚持学习，看书、看报就是他们日常的娱乐。我们兄妹也相互鼓励着一起学习，哪怕是退休了，也时常与书本为伴，还学习各种新技能。我的大姐70多岁了还学习使用各种修图软件，喜欢把自己的照片修得美美的。我们聚在一起时，她还会主动教我一些修图技巧。我的弟弟退休后开始学习画画，他那一幅幅美妙的牡丹图惊艳了我们的晚年时光。而我，为了给孙女做榜样，年纪很大了还尝试学习古筝。

我和兄弟姐妹们没有把自己当作老人，而是像年轻人一样从未停止学习的脚步。我们的这种学习态度也影响了家里的后辈，让后辈们也形成终身学习的理念，这对他们的持续发展大有裨益。

我儿子这一代人正处在事业的上升阶段，工作非常繁忙，可即便如此，他们只要有空闲就会学习。践行终身学习这一理念，使我们全家人的精神更富足、生活更美满，整个家族也欣欣向荣。

在我的心目中，父母养育孩子的过程就是一场亲子终身学习的旅行。在这场旅行中，亲子之间应该相互激励、携手共进。

我们想和孩子一起持续学习，就要从工作、知识和兴趣入手。

工作不仅是我们谋生的手段，也是我们提升自己的方式。通过持续学习提升自己的专业业务能力是每一位父母应该做的事情。我们可以自学，通过网络和书籍学习与行业和专业技能相关的知识，也可以虚心向业内的前辈请教，学习他们丰富的专业经验。如果公司组织员工开展技能培训活动等，我们也可以积极参加，抓住提升自己的机会。父母努力工作、积极学习专业知识，也是在给孩子做表率，激励孩子奋发向上、不断进步。

我们还要努力学习各个领域的知识，让自己更加博学、智慧。作为父母，我们有必要学习一些教育领域的知识。比如，我们可以阅读国内外著名教育家的作品，观看权威教育家的讲座等，吸取较为先进、科学的教育理念和方法，这样我们在培养孩子时就会有的放矢，使孩子快乐成长、健康幸福。我们还可以学习一些自己感兴趣的知识，并通过书籍、网络、向他人请教等对这些知识进行系统、深入地探究，由此获得成就感。此外，我们还要拓宽眼界，广泛涉猎各个领域的知识，了解社会、艺术、医学、农业等各个方面的信息，全面认识我们生活的世界。

除了工作和学习之外，我们也要培养一些适合自己的兴趣爱好，比如绘画、跳舞、茶艺、运动、唱歌等。兴趣可以丰富我们的生活，还有可能感染孩子，有可能促进亲子关系更加和谐。比如，有的父母喜欢绘画，闲暇时要么在家作画，要么外出写生，让自己的生活充满艺术和乐趣。孩子与父母朝夕相处，也可能因此被父母感染而对绘画产生兴趣，并和父母一起享受绘画的快乐。如果父母想与孩子保持密切的关系，可以让自己的兴趣和孩子的兴趣保持一致，亲子双方兴趣相投，共同话题增加了，亲子关系也会更加融洽。

亲子之间最浪漫的事情，莫过于相互陪伴着践行终身学习的理念，一路走一路花开，共同见证彼此的美好。

不以分数论成败，孩子学习和求知时才会纯粹而快乐

以前，我执教的班上有一位学生，起初成绩不太理想，每次考试成绩公布之后她都十分沮丧，因为不仅各科老师会批评她，父母还会打骂她。

有一次月考结束后，她红着眼睛问我："老师，我的成绩这么差，是不是不适合学习呢？"

看着孩子可怜兮兮的样子，我非常心疼。作为老师，我必须重视学生们的成绩，也要让学生认识到成绩的重要性，但同时我也深知，成绩和学习其实不完全是一回事。

我告诉她:"成绩非常重要,但是成绩不好不代表你不适合学习。"

她疑惑地看着我,说:"可是,爸爸说像我这种成绩差的孩子就不是学习的料。"

我摇摇头,说:"成绩只能代表你某个阶段的学习效果,不是学习本身。就算你成绩暂时不理想,依然可以高高兴兴地学习。"

我的话打开了她的心结,从此以后她不再只盯着成绩,而是把注意力转移到学习知识上。看着她每天那么开心地上课、看书,我十分欣慰。让我惊喜的是,这个孩子越学越开窍,成绩也提高了。虽然没有达到学霸的水平,但她不再为成绩而烦恼。事实证明,与为了考试而学习相比,纯粹地学习会让孩子更快乐,效率也更高。

所谓纯粹地学习,就是只为学习知识而用功读书,而不是为了成绩、荣誉、奖励等"好处"而学习。当孩子抛开一切外在的顾虑,全身心投入到学习之中,更易享受纯粹求知的乐趣。纯粹学习可能对提高孩子的成绩起不到立竿见影的效果,但能够让孩子拥有学习的积极性和主动性,更愿意长久地追求知识。当孩子拥有这种学习精神和态度之后,成绩就能得到稳步提升。

现在，很多父母都是被成绩支配着长大的一代，因此很难做到不在意孩子的成绩。但是，父母们要明白一个道理：成绩固然重要，但"愿意学习"更重要。"愿意学习"不但能让孩子拥有好成绩，还能让孩子的学习时光充满快乐和成就感，甚至让孩子在未来都乐于学习。引导孩子"愿意学习"，作为过来人，我有几个建议可供大家参考。

倘若孩子的成绩一般或者不佳，我们就要在帮助孩子建立自信的基础上引导孩子纯粹而快乐地学习。在看到孩子的成绩之后，我们尽量不要流露出不满和失望，而应认真观察和思考，从试卷中找到可夸奖孩子的进步之处，激发孩子的学习兴趣。然后，我们再把注意力放在错题上，坐下来和孩子一起分析错误的原因，让孩子知道自己的不足，从而有针对性地进行改正和自我完善。

此外，我们要理解孩子考试失利的沮丧和失落，以关心代替责问，这样孩子才愿意打开心扉与我们沟通关于学习的事情，我们才有可能发现孩子的困惑、短板以及需要帮助之处，从而有的放矢地帮助孩子。孩子的困惑得以解决，短板得到弥补，就能找回自信，爱上学习。

南宋诗人陆游说："纸上得来终觉浅，绝知此事要躬行。"**我们想让孩子纯粹地爱上学习，就要引导孩子将知识运用于生**

活之中，了解知识与生活的关系，从而对知识本身产生热爱之情。比如，孩子学习图形，我们就带孩子看一看日常生活中的图形，了解各种图形在生活中的巧妙应用。孩子学习化学，我们就利用生活中常见的材料和孩子一起做实验，让孩子见识化学知识的奇妙，还可以向孩子讲述哪些生活用品是通过化学方法制成的，让孩子知道知识对生活的帮助。此外，我们还要让孩子通过报纸、杂志、书籍、网络、电视节目等渠道学习课本之外的知识，比如烹饪、时装、建筑等。孩子的知识面变宽，更容易发现知识的魅力，从而对学习本身产生浓厚的兴趣。

倘若孩子从小养成追求纯粹学习的习惯，未来就会成为一个对知识和生活有着高度热情的人，他的能量就像奔腾的江流永不干涸，助力他在学习中成就更美好的人生。

第七章

你若热爱生活,孩子就会成为幸福的"生活艺术家"

和孩子一起成为生活美学家

提及"生活"二字,有些人想到的是奔波、疲惫和劳碌,而有些人想到的是温馨和美好的画面。后者更能感受到平凡生活中点点滴滴的美,能把普通的生活过得更加美好,他们就是对平凡的生活充满热爱的"生活美学家"。

生活美学家虽然不像科学家、文学家、画家、音乐家那样受人瞩目,却具有很强的幸福感知力。因为他们在平凡的日常生活中拥有发现和创造美和情趣的能力,并用自己的生活方式和理念让人们明白:生活不只是生存,还要追寻幸福的体验,享受"生活之乐"。

中国古代的文人雅士们非常重视生活美学,他们的生活中常有斗香、品茗、赏月、听雨、品美食、读书、酌酒、抚琴等雅事。例如,东晋田园诗人陶渊明、明末清初文学家李渔、近现代作家沈从文、当代作家汪曾祺等等。其中李渔创作的《闲情偶寄》就是一部讲述生活美学的书。这本书包括"居室部""器玩部""饮馔部"等,将艺术融入生活之中,让人们看到了明代文人对生活美学的追求。例如,"饮馔部"中有这样一句话:"预设花露一盏,俟饭之初熟而浇之,浇过稍闭,拌匀而后入碗。"意思是,米饭快煮熟的时候,要将准备好的花露浇在上面,让米的香气更加神秘,令客人难以辨别。在《闲情偶寄》中,一粥一饭、一菜一羹都充满了艺术美感。

其实,我们普通人中也不乏生活美学家。我小时候认识一位很会打扮自己的女同学。她经常梳着漂亮的小辫子,有时还会戴着发卡和发带。印象最深的是,她每天早晨走进教室时,胸前的纽扣上总会别着一朵艳丽的野花。那时人们的思想还比较保守,很多同学看不惯她"臭美"的样子。不过,我却打心底里欣赏她,因为她胸前的那朵小花让我觉得每天的生活都是彩色的。

我一直很好奇:在物质匮乏、家家户户都不富裕的年代,是什么样的家庭养育出了这样一位热爱生活的女孩?有一次，她邀请我去她家做客。原来她家和我家差别不大，都是矮小的房屋，简陋的装潢，但她家客厅中央的小木桌上放着一个花瓶，花瓶里插着一束五颜六色的野花。我拿起花瓶看了看，原来是用颜料装饰过的玻璃酒瓶。再看她家的厨房，灶台擦得干干净净，几乎没有油污，看起来像新的一样。锅碗瓢盆整整齐齐、分门别类地摆在小木柜上，窗台上还有几盆绿植。傍晚的阳光透过窗户照进来，给这一小方天地染上了橙黄色，看起来就像一幅油画。

我正欣赏着这个整洁、可爱的家庭中的各种小装饰时，女孩的妈妈端着一个用树的枝条编的小篮子走了过来，篮子里盛着几个高粱饽饽。

"快尝尝，这是我做的野菜馅儿饽饽。"女孩的妈妈兴致勃勃地对我们讲述她在哪里挖的野菜，又是怎么做的饽饽，把当时这件司空见惯的事情讲述得像新鲜事儿一样。在短短几十分钟的相处中，这家人让我感受到：原来普通的生活也可以过得如此有趣。现在回想起来，这对母女应该算得上那个年代的"美好生活家"了。

这对母女给了我启发：生活无论是富裕还是贫乏，安逸还是艰苦，我们都要看到生活中美好的一面，并努力创造美的生活。简而言之，就是用生活美学将我们的生活打造为一件艺术品。

生活美学其实是一门关于幸福的学问，我们研究它是为了找到通向幸福的道路。十九世纪德国哲学家黑格尔认为，美学是关于艺术的哲学。我们想创造美的生活，就要在日常生活中多接触美的艺术，提升自己和孩子对美的感知力。那么，我们如何才能像"生活美学家"那样生活，给孩子带来美好而充满艺术感的生活体验呢？

艺术源于生活而高于生活。经常受到艺术熏陶的人生活品位更高，一眼就能辨别事物的雅俗美丑。我们多带孩子接触艺术，是成为生活美学家的途径之一。

生活中最常见的艺术形式有音乐、文学、绘画等。音乐是我们生活的调味剂、精神的家园，经常和孩子一起听经典乐曲，如西方古典音乐、中国民乐等，能够提升我们对音乐之美的感知力，让我们在生活中感受到鼓舞和力量。另外，我们经常和孩子一起看有关国学、艺术等方面的影视节目，了解国学、艺术等领域的知识，能够提升我们的国学素养和艺术修养。生活中处处都是艺术，我们和孩子一起读书、看画展、观话剧等都是在贴近艺术，而且每一种艺术形式都会培养我们的某种艺术和美的感受力，让我们对艺术和美更敏感，从而渐渐成长为一位生活美学家。

我们要从生活中的点滴着手，和孩子一起成为生活美学家。

比如，依据每一位家庭成员不同的个性为其打造美好的个人形象就是一个很好的着手点。其实，只要从美学的角度塑造个人形象，每个人都能成为一件艺术品。艺术品都是美丽的，而美丽则代表得体。得体的个人形象包括着装干净体面、妆容淡雅精致、仪态举止礼貌大方。

生活美学家都也会精心打造自己的家。参观他们的家居，借鉴他们的色彩搭配原则、家具摆放方式、房间点缀技巧、日常饮食讲究、家庭成员相处模式等等，能够让我们和孩子感受家庭生活的艺术美。

我们鼓励孩子发挥想象力和创造力，把家庭打造得富有美感。例如，在茶几、书桌、窗台等位置摆放鲜花、相框、雕塑，或者在墙上增加挂饰、手绘作品等等。被称为"全日本最会生活的男人"——日本现代作家松浦弥太郎曾在他的书籍《今天也要用心过生活》中提及，有些"微不足道的东西"却能让每一天都趣味盎然。这些微不足道的东西可以是我们房间里的小装饰，阳台上的一盆绿植，抑或是窗前的风铃……

只要生活有趣，人们就会更努力、更快乐地生活。我们和孩子要一起努力成为生活美学家，学会用一颗热爱生活的心面对平淡的生活和琐碎的事情，把平凡的日子过得有滋有味，闪闪发光。

你的仪式感影响孩子的幸福感知力

什么是仪式感？就是让某一天或某一刻与平常的日子或其他时刻不同，使人产生隆重感和幸福感。制造仪式感是人们向他人表达喜悦、关心、感谢、祝贺等真挚情感的一种方式。在有仪式感的氛围中长大的孩子能更多地体会到爱和喜悦，幸福的感知力也更加敏锐，会更加热爱生命和生活。

父母为孩子精心准备的生日礼物、毕业庆祝仪式等，就像孩子生命长河中的点点灯光，光亮而温暖。孩子长大后回首过去的岁月时，会因这些美好的回忆而倍觉幸福。

我小时候家里并不富裕，父母从未给我们兄弟姐妹举办过隆重的生日宴等，但他们仍然用俭朴的方式让我们的童年充满了幸福感。

我至今仍清晰地记得，在每个新学期开学之前，父亲总会拿出家里存留的旧报纸仔细地帮我们兄妹包书皮。如此简单的事情却因父亲的严肃和郑重而产生了与众不同的仪式感。这让我们意识到学习是一件至关重要的事情。

母亲每年都会带我们去照相馆拍一张合影，记录我们的成长，在当时，这已经是非常隆重的纪念方式了。每次去照相前，母亲都会给我们打扮一番，让我们穿上最漂亮的衣服，还为我们姐妹梳麻花辫、扎发带。我们兄弟姐妹每个人加入少先队戴上红领巾时都要拍照留念。这些照片成为我们永远的纪念。如今，这些旧照片已经成为我青春的记忆。每次翻看这些旧照片时，我都会回想起自己和父母、兄弟姐妹们相处的一个个瞬间。这些照片也时刻提醒我，过去的岁月虽然能被记录，但无法追回，我更应该珍视当下的每一天，尽力让自己和家人过得幸福多彩。

那时，我们家平时省吃俭用，一年到头都吃不了几顿肉。即便如此，每次逢年过节，父母都会为我们制造节日的氛围。

比如过年时，父母会包饺子，会给我们做新衣服，发压岁钱。尽管饺子馅儿是菜多肉少，新衣服很便宜，压岁钱也很少，但我们都高兴得不得了。父母不但重视节日习俗，还经常向我们讲述节日的重要性，让我们知道节日与平常的每一天是不一样的，无论生活多么艰苦，都要认真过我们的传统节日，为平淡的生活增添一抹亮丽的色彩。

我们兄弟姐妹过的一个个纪念日、一系列节日让我懂得：仪式不一定要有惊喜，也不一定要摆多大的排场，只要用心将日常的生活仪式化，让孩子感受到这一天或这一时刻意义非凡，并充满幸福感即可。

有位母亲在孩子12岁生日当天，把一份神秘的礼物——"成长绘本"放入包装精美的礼品盒中送给孩子。孩子高兴地打开礼品盒，看到妈妈制作的绘本后，又惊讶又好奇，连忙打开绘本，认真看着上面的文字和图画。原来，这是妈妈用笔记录下的他十二年来的成长轨迹。孩子看到自己调皮捣蛋的内容时就捧腹大笑，看到妈妈彻夜照顾生病的自己时又感动得红了眼眶。他抱着绘本看了一遍又一遍，爱不释手。孩子还收到了爷爷奶奶送的玩具和爸爸买的蛋糕，但他更喜欢妈妈制作的绘本，因为这份礼物让他意识到，自己不是随随便便长大的，这12年里的每一天都有父母和家中长辈的付出，是他们用爱呵护自己长大。后来，这个孩子一直把妈妈送的绘本放在自己的"宝贝盒子"里，时不时就拿出来翻一翻，回味自己成长中的故事。

生日是每个孩子的专属节日，在这一天，我们通过举办简朴的派对、制作蛋糕、赠送礼物等方式向孩子表达关爱，让孩子在享受成长的快乐之余，体会成长的意义。随着孩子年龄的增长，我们需要为孩子准备风格不同的生日仪式。比如，孩子年幼时，纪念生日的方式要以玩乐为主，孩子进入小学、青春期后，纪念方式应该更有生命意义和教育意义。

谈及仪式感，就不得不提各种节日习俗。如今，有的父母不太重视传统节日的习俗，而更喜欢趁着节日的空闲旅游、购物等。其实，每一个节日的存在都有特殊的意义，无论我们采取何种方式度过，都应该尽量让孩子感受到节日与普通假期不同。比如，在每年的端午节，我们即便出去旅游，也尽量带孩子去节日氛围更浓的地方游玩，让孩子除了吃粽子以外，在拜屈原、赛龙舟、点雄黄、系五色绳、熏艾草、斗百草等纪念方式中充分感受端午节的节日文化，提升孩子的节日参与感。

此外，我们还可以将仪式感融入日常生活中。比如，孩子考试进步时为孩子颁发"进步奖",孩子受挫了就为他举办一场"加油大会",在开学前和孩子一起包书皮、买文具、整理校服、宣读"家庭开学致辞",睡觉前和孩子互道晚安,起床后和孩子互相问好,出门前、回家后拥抱孩子等。这些看似不起眼的小仪式,却足以让孩子感受到父母的爱和重视以及生活的美好,从而对每一天都有所期待。

仪式感是平淡生活中那些浓淡相宜的点缀,它就像草原上的花朵、天空中的飞鸟、沙漠里的绿洲,孩子只要一想起它,就会对生活产生热爱之情,对未来充满期望。

体验"交换人生",让孩子知足常乐

  我小的时候生活在物资匮乏的年代,孩子们能吃到一颗糖、一根冰糕都会高兴好几天,得到一件玩具更能兴奋好久,甚至会把不起眼的小东西当作宝贝一样珍藏起来。年幼的我就曾把父亲送的一方手帕放在箱子里数年,宁愿看着它因岁月的流逝而发黄发旧也不舍得拿出来用一下。可是现在,有的孩子想要什么就有什么,却在需求得到满足后的片刻就没了兴致,然后张口向父母索要更多。

  为什么这些孩子这么不知足呢?我认为,是因为他们不懂得珍惜已有的,盲目追求自己没有的,而且不考虑自己的需求是否超出了父母的承受能力。这样的孩子,即便每天吃着山珍海味,穿着华丽的衣服,住着舒适的房屋,也会认为自己拥有的太少。就如北宋著名诗人林逋曾写道:"知足者贫贱亦乐,不知足者富贵亦忧。"

想让孩子看到生活中的趣味,懂得知足,我们不能一味说教,而是要让孩子走出自己的生活,多了解多体验他人的生活,在对比中也能发现自己生活中的美好。

有一位母亲看了综艺节目《变形记》后,也想让不知足的儿子尝试"交换人生"。不过,她不放心把儿子送到别人的家里,于是别出心裁,决定自己和儿子交换一次人生,为期一个月。她把这个想法告诉儿子后,儿子高兴得手舞足蹈,认为自己终于可以像大人一样"为所欲为"了!

可是第二天,他的美梦就破碎了。

下午放学回家后,他刚想坐下来休息一会儿,母亲却一边看着电视一边对他说:"赶紧去做饭,我都快饿死了!"

"您不会自己做嘛!"儿子生气地说。

"别忘了,我现在是一个五年级的孩子,只需要饭来张口就可以了。"母亲笑着说。

"可是，我不太会做饭。"儿子小声嘟囔道。

"好吧，我可以帮你。"母亲大方地说。

在厨房忙碌将近 40 分钟后，他们终于把晚饭做好了。

吃完晚饭，母亲又说："你要去洗碗、擦地、洗衣服，同时还要完成今天的作业。"

"凭什么？"儿子不服气地说。

"因为你是大人，这是你应该做的。而且我还有工作要完成，就不能帮你干活了，一定要努力啊！"母亲说完就回书房工作了。

看着满桌的碗筷和脏兮兮的地板，儿子挠了挠头头，只得硬着头皮干活。

就这样过了一个星期之后，儿子终于爆发了，大哭着对母亲说："我不想再当大人了，我要和您换回来！"

"刚过了一个星期，你就坚持不了了？我可是给你当了 11 年的妈妈呢！"

"可是，我太累了！"儿子边哭边说。

母亲见状，只好提前终止这次交换体验。

一个星期的"交换人生"体验让儿子感触很深。他亲自参与做饭、干家务活儿之后，终于懂得母亲平日的辛苦。可是，他以前从不帮妈妈做饭，还经常抱怨妈妈准备的饭菜不可口，如今他对自己这些"不知足"的行为感到羞愧。母子二人的身份交换回来之后,儿子发生了一些变化。他不再嫌弃妈妈做的饭菜,有时还会主动分担家务。看着他的这些变化,母亲十分欣慰。

让孩子体验"交换人生"与带孩子旅行的目的是一样的,都是为了让孩子珍惜当下拥有的一切,感受到生活的美好。

很多旅游达人说,旅行的终极目的不是走遍全球,感受大千世界的美好,而是激活自己对家乡的热爱之情。他乡再美,我们始终只是一个过客,故乡再普通,却是我们扎根的地方。而且走遍了世界再回来看自己的家乡,会发现家乡也有看不完的风景。孩子体验别人的生活时,可能会新鲜一阵子,但新鲜劲儿过后,他们会开始怀念自己原本的生活,并在对比中慢慢懂得知足。

什么是知足呢?晚清名臣李榕曾告诫家人:"珍馐吃不尽,家中茶饭饱便足。锦绣穿不尽,粗布衣裳暖便足……器皿置不尽,粗朴不乏用便足。"简而言之,知足就是在努力追求美好生活的同时,懂得珍惜已有的一切,不贪婪、不嫉妒、不急功近利。

很多教育专家认为，毁掉一个孩子最快的方法就是对他有求必应。父母对孩子有求必应，孩子没有体验过"匮乏感"，很难懂得知足和感恩。而一个不知足的孩子，未来难以获得幸福。因此，父母对孩子的需求要有条件、有限度地满足。比如，孩子想要一个新玩具，我们可以满足孩子，但要让孩子明白：买玩具需要花钱，而钱是父母辛苦挣来的，让孩子体谅父母的不容易；告诉孩子这件玩具的制作过程，以及后来又经过了包装、运输等过程才来到我们身边，凝结了很多人的心血，不能随意损坏。在父母的引导下，孩子渐渐懂得每一样物品都得来不易，就不会盲目索要。

父母知足常乐，孩子受到熏陶，也会渐渐懂得知足。我们满足于家人的爱、朋友的陪伴以及生活的安定，就相当于把知足常乐的理念于生活的点点滴滴中渗透给孩子。孩子受到良好的影响，也会珍惜已经拥有的，适当追求可以得到的，不强求得不到的，从而渐渐成长为一个能够把握快乐和幸福的人。

俗话说："事能知足心常惬，人到无求品自高。"知足让人们活得惬意，淡泊名利让人们品德高尚。我们培养孩子知足的品质，孩子成年后才会淡泊名利，成为高尚的人。

后 记

有妈就有家

1975年的冬天,我妈经历九死一生把我带到了这个世界,给了我一个家。

我妈做事认真,待人真诚,不怕困难,凡事都要做到最好,她把家庭、事业都打理得井井有条,在县里、市里甚至省里也是有名的教育专家。

我小学就读于我妈所在的学校。那时我妈担任班主任,她几乎每天都是第一个到学校,这可就苦了我——我需要早起和妈妈一起上学。东北的极端天气很多,有一年五一节前下了一场特别大的暴雪,积雪深达半米多,但第二天早晨我妈仍然雷打不动地拽着我,在齐腰深的雪地里顶着风走着去学校,这件事教会了我做事要守时、要遵守规则。

我上五年级时学校调整班级，我被调整到我妈的班级。在我正式进入班级之前，我妈对我说："你在我的班里，一定要比别人做得还要好，而且很多事情我都会拿你开刀。"我还真是没想到，在进入班级的第一天第一节课，我妈就给我一个下马威——大概意思就是说学生要注意自己的形象和卫生，不要留长发，比如刘闯的头发就又长又乱等等。小孩子们都是好奇的，全班同学都朝我看过来，而刚刚十岁的我非常内向，当时我真想找条地缝儿钻进去。不过，由于我妈给我打过预防针，我强忍着没让自己做出什么举动。

中学的六年时间里，我妈一直既做我的导师，又当我的后盾，虽然她每天工作非常繁忙，但她从来没有耽误过我的一日三餐，特别是中午只有一个多小时，她要往返单位和家、做饭、收拾，我至今也没想出来她是怎么做到的。

从小到大，我成长的所有关键节点都是我妈亲自陪我度过的。上大学以后，我和我妈最开始是书信沟通，后来是打长途电话沟通。那时打长途电话很不容易，经常需要排队，每次基本排两个小时左右，但我总想第一时间和我妈分享我日常的喜怒哀乐，听听她的声音和叮嘱。每到寒暑假，坐在回家的火车上的我心情最放松，因为我知道家在前方等着我，妈在前方等着我。

参加工作、组建家庭以后，我妈和我们住在一起。每天都能和妈在一起聊聊天，我觉得这是件非常幸福的事情（即使有时候她批评我，我的心情也是好的，而据我所知，很多我的同龄人一年和父母在一起的时间超不过10天）。

有时，我妈从她的工作经验和阅历出发，给我的工作提出一些建议，为我事业的前进方向掌舵。随着工作越来越忙，我回家的时间越来越晚，但无论多晚，我妈都会等着我，我会陪她聊会儿天儿，讲讲我一天中遇到的趣事，听她分享家乡的新闻。

我的女儿妞妞出生以后，我妈又承担起照顾妞妞的重任，除了照料她的日常起居，还参与妞妞的教育和培养。我妈还经常反思当年在对我的教育中的某些得失，然后结合自己多年从事教育的心得和体会，不断调整对妞妞的教育方法。我妈同时教育我和女儿两代人。

我妈不断总结，并且十几年来笔耕不辍，把日常发生的事例、体会和心得发表在博客上。她自己一直希望这些内容有朝一日能结集出版，终于，在她七十岁的时候，梦想成真！

❤ ❤ ❤　　❤ ❤ ❤

今年4月中旬的一个周六，那天天气特别好。中午我妈说咱们一起去鸟巢吧。其实前一天我挺累的，中午靠着沙发上不愿意动，但我想应该陪她去（因为天气预报第二天是阴天）。我们稍作准备就出发了。

在鸟巢逛累了，我们坐在凳子上休息。我妈从她的包里拿矿泉水给我喝，又拿出一个大苹果给我吃，还拿出一小包山楂片给我……她就像带着幼儿园的小朋友郊游一样（虽然我小的时候我妈并没有带我郊游过）。

喝着水，吃着苹果，我心里暗暗决定：以后的周末要抽时间陪她看看电影，逛逛公园。这是我真真正正能触摸到、感受到、享受到的幸福，有妈的地方就是家！

希望这种幸福能一直围绕着我，围绕着我们。

刘　闯

2005年获清华大学博士学位。现任中国航天科技集团有限公司五院北京卫星环境工程研究所动力学环境试验研究室主任兼党支部书记。从事航天器环境试验相关工作，作为技术负责人主持多个国家级重大专项型号力学试验，作为项目负责人先后完成多项研发课题。先后在国内外学术刊物及学术会议上发表学术论文50余篇，获国家发明专利授权20余项。